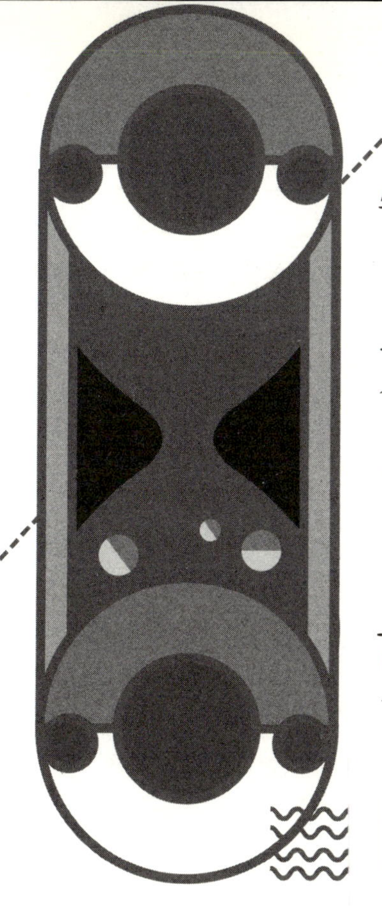

销售基金定投好简单

如何三分钟让客户理智开户做定投

沈绍炜 李厚豪◎著

清华大学出版社
北京

图书在版编目(CIP)数据

销售基金定投好简单：如何三分钟让客户理智开户做定投 / 沈绍炜，李厚豪著. — 北京：清华大学出版社，2017（2023.1重印）

ISBN 978-7-302-48521-6

Ⅰ. ①销… Ⅱ. ①沈… ②李… Ⅲ. ①基金—销售—基本知识 Ⅳ. ①F830.91

中国版本图书馆 CIP 数据核字(2017)第 240825 号

责任编辑：张立红
封面设计：邱晓俐
版式设计：方加青
责任校对：梁婷婷
责任印制：朱雨萌

出版发行：清华大学出版社
网　　址：http://www.tup.com.cn，http://www.wqbook.com
地　　址：北京清华大学学研大厦 A 座　　邮　　编：100084
社 总 机：010-83470000　　邮　　购：010-62786544
投稿与读者服务：010-62776969，c-service@tup.tsinghua.edu.cn
质 量 反 馈：010-62772015，zhiliang@tup.tsinghua.edu.cn
印 装 者：三河市龙大印装有限公司
经　　销：全国新华书店
开　　本：148mm×210mm　　印　　张：6.75　　字　　数：150 千字
版　　次：2017 年 12 月第 1 版　　印　　次：2023 年 1 月第 6 次印刷
定　　价：32.00 元

产品编号：074616-01

序　一

本人从事银行零售条线培训多年，见证了中国银行业近些年的剧烈变革，毫不夸张地说，基金类金融产品的营销从过去的可选项基本变成了如今的必选项！存款、保险、国债等常见理财产品的收益难以抵消物价上涨导致的货币贬值，如果我们还以常规理财产品为客户进行资产配置，那么客户资金的购买力就会下降。现在很多客户主动要求配置权益类资产，因此我们银行营销人员如果不能够与时俱进地进行基金定投营销，那么将来就无法得到客户的满意。

基金定投的复杂程度远远超过银行其他理财产品，这样一来对银行人员的营销工作也就增加了一定的难度。如何能够将复杂的基金定投用直观与简单的语言表述出来，来赢得客户的青睐呢？如何能够把基金定投营销工具化与视觉化呢？如何能够给银行营销人员更多的基金定投营销话术来参考？这就是本书的写作方向。

读者阅读本书时可以结合自己的理解做成为客户展示的PPT，一边读，一边找机会给客户讲，这样就将理论与实际相结合了，并且实现了教学相长。

所谓基金定投就是三分营销，七分维护。希望各位朋友能够将本书的核心思想与相关方法加以运用，将基金定投变成提高客户黏性的突破口，实现客户银行资产的全面提升，创造属于你的营销传奇！

李厚豪

2017年7月1日

序　二

“得基金定投者得基金，
得基金业务者得零售，
得零售业务者得银行，
得银行者，则可得天下也！”

在金融界，尤其在银行业，一直流传着这样一句话！

的确，面对汹涌澎湃的互联网金融、微信支付、支付宝等挑战，未来银行的发展趋势必然是“机构业务投行化，银行业务零售化”，谁能抢先占领零售业务，谁就可以在未来激烈的金融竞争中立于不败之地。比如招商银行，多年来在零售业务方面深耕细作，其零售业务的创新、品牌和口碑一直引领着整个银行系统零售业务的发展，甚至连“四大行”都是其追随者！

在银行零售业务中，最难啃的骨头便是基金业务，只要能把基金业务做好，就没有做不好的零售业务；而在基金业务中，最难的又是基金定投业务，只要能把基金定投做好，把基金定投的客户培养起来，天下就没有难卖的基金了！

从来没有一项业务像基金定投一样，全国所有银行乃至外资银行都在大力推动。年年是重点，季季都考核，甚至有一些银行，曾经为每新开一个有效基金定投户的员工，直接奖励高达50元！

可是，为什么银行这么重视定投业务，而基金定投业务就是做不上去呢？甚至连开户奖励都到50元了，还是做不上去！难道理财经理不了解基金定投吗？

你随便问一家银行的理财经理关于基金定投的问题，几乎每个理财经理都能和你头头是道地说上半个小时，什么是定投业务，什么是“微笑曲线”，定投的优势是什么……

为什么理财经理这么熟悉定投业务，可就是说服不了客户开户呢？

难道我们以前推的理念都错了吗？

可是从多年定投实践检验出来的结果都没有错呀！

每一次“微笑曲线”的投资收益都是如此完美，每一轮股市下跌，唯有定投才能降低风险，为什么理财经理就是推不动，为什么客户就是不信、就是不开户呢？

我们做了10年的定投培训，并且通过和上千位一线理财经理反复沟通和交流学习后，终于明白了：我们以前推给客户的定投理念都是错误的！

客户不开户做定投就说明，他们不认同你的定投方法；

理财经理不愿意推定投，不是定投业务不好，而是推荐方法错了！

很多优秀的理财经理和我们说：“你知道吗？在以前，我推定投，要讲‘微笑曲线’，要拿出你们基金公司做的定投小转盘来讲收益测算，给客户讲通货膨胀，讲退休养老……最少也要半个小时客户才会开户，而且，客户还听得似懂非懂，最后仅投资几百元或上千元而已。而同样半个小时，我能卖出去100万元的基金，如果你是我，你是推几百元的定投还是卖100万元的基金？”

2016年初，我们对近10年的定投培训经验进行总结，痛定思痛，几乎推翻了以前所有推荐基金定投的理念，把推荐基金定投的方法浓缩在3分钟内。

我们的定投理念框架及灵感主要来自中国建设银行总行基金评审小组资深评委、厦门建行刘元树老师的《分散播种，集中收获》的基金投资方法和富国基金陈曙亮的《定投是客户体验》的理念。我们侥幸站在巨人的肩膀上总结出了这套方法。经过2016年全年100多场定投培训实践，现场客户定投开户率均在50%以上；1000多位一线理财经理实战营销，只需要3分钟，基本就可以让客户理智开户做定投！

更为重要的是，这些在2016年开户的客户，通过我们的定投方法，98%以上都实现了年化率超过10%的盈利，而同期，上证指数却下跌了15%左右。于是几乎100%的客户都愿意继续坚持做定投！

很多客户和理财经理后来都和我们说，幸好当初听了我们的方法开户做定投，改变了他们以前的投资方法和习惯，才真正开始从资本市场中赚到了钱！

目前，包括工行、建行、中行、招行、交行、兴业银行等在内的全国多家销售基金的银行分行都在推广我们的方法。比如某大行沿海分行，2015年的基金客户数依然保持了正增长，并且是该行2015年唯一一家保持基金客户数正增长的分行，该行的总行行长曾亲自带领全国多家省分行主管行长及个人金融团队领导，半年内连续三次来该分行学习其零售业务，这是这家分行历史上绝无仅有的！现在这家分行在全行近100个网点推广和采用我们的“3分钟定投开户法”，同时配合“微沙”（微型沙龙）的形式，每天在所有网点开展多轮沙龙来推广基金定投！

为了让更多理财经理和客户了解基金定投，尝试基金定投，现把我们的方法总结归纳下来：销售基金定投好简单，你只需要3分钟，客户就愿意开户做定投！

不要小看基金定投，很多客户就是通过基金定投改变了他们的投资理财习惯，从而打开了一扇通往财富的大门！

只需要3分钟，你不仅能帮助客户，同时也能为你自己打开一扇通往财富的大门，而这扇门的钥匙就是基金定投！

目 录

第1章 散户是如何被消灭的

一、“中国大妈”的投资之道

中国资本市场的投资者结构一直以来皆是以散户为主，这便是传说中的“中国大妈”左右着中国的资本市场。“中国大妈”的力量是不容小觑的，不仅能左右中国资本市场，甚至有时候还能左右国际市场。2013年4月，国际金价暴跌，可是“中国大妈”却在10天的时间内抢购黄金近300吨，约占全球黄金年产量的10%，从而引起了“中国大妈”完胜“华尔街”的大小报道。彼时很风光，黄金价格甚至还出现了小幅上扬，可是时至今日，黄金价格快要跌进1000美元了，“中国大妈”当时的行为无异于螳臂当车——不自量力，如今已是伤痕累累，被深度套牢了。但是，我们的“中国大妈”还是很有“乐观主义精神”的，不但没有放弃购买黄金，而且还开始了一场持久战，甚至决定把黄金都留给下一代！

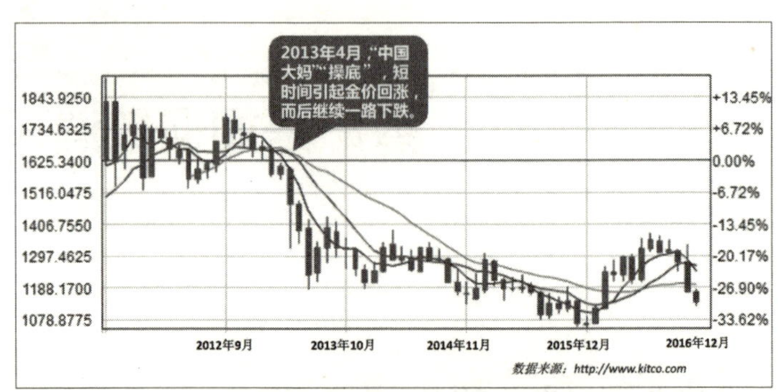

图1-1 国际黄金价格走势图

而在中国资本市场，“中国大妈”更是风生水起了，这种以散户为主的投资者结构一直以来都是监管层的“老大难”问题。改变中国资本市场的投资者结构，提升专业机构投资者的比率一直是历届监管部门工作的重中之重，可是，近年来一直未见成效。

最近，虽然市场有所回暖，但是散户投资者的比率却在不断降低，这是为什么呢？

二、熊市——消灭了散户投资者

2015年的5178点已经过去快两年了，而2016年初的熔断也周年庆了，最近两年的股市行情，对所有投资者而言，都是以前从未经历过的，甚至是惊心动魄的！

在经历过这样的行情之后，很多投资者都会心有余悸，对资本市场敬而远之，总觉得里面陷阱无数，不知道什么时候又会掉进去，还不如不关注！

我们从2016年中报来看，散户投资者的比重比2015年底又有所下降，从2015年底的50.4%下降到47.7%，原因主要有两点：一是经过熔断，散户投资者损失惨重；二是受到市场调整，风险偏好持续降低，散户投资者进入股市的意愿不强，所以导致了散户投资者的比率持续下降。

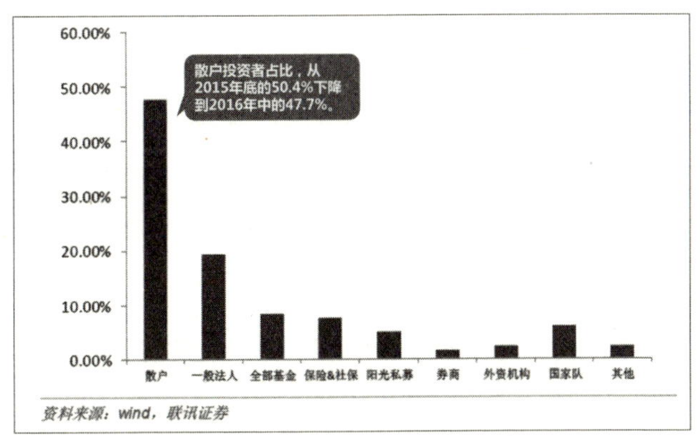

图1-2　A股投资者自由流动市值占比图

所以，很多人认为，是熊市消灭了散户！

这样分析似乎没有错，那么如果是牛市，散户比重难道就会增加？其实不尽然，让我们来看看大洋彼岸的美国吧！

三、美国股市翻了80倍，但为什么70%的散户却被消灭了[①]

略知美国股票市场的人可能都知道：1950年，美国的散户投资者持股比例曾高达94%；到1980年，这个数字还有63%；但是到了

① 黄斌汉《美股当年是这样消灭70%散户的》。

2016年，美国的散户却不到30%。

70%的散户是怎么被消灭的呢？

因为股市波动吗？不是！以道琼斯指数为例，在1950年最后一个交易日道琼斯指数仅为235.42点，而2016年的道琼斯指数已经快接近20000点了，足足翻了80倍，那为何散户却被消灭了70%呢？

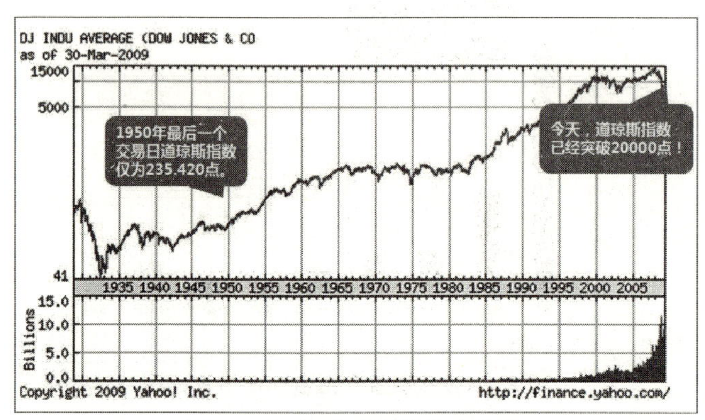

图1-3　百年道琼斯指数走势图

有人认为是因为美国的注册制，也有人认为是因为散户的弱点才导致其在这个市场上无法生存！

美国的散户为什么没能在股票市场近半个世纪持续走牛的时候继续获利，反而被市场踢出，也许对我们有一定的借鉴意义！

散户亏钱有很多原因。

1. 散户的贪婪

贪婪就是贪得无厌，赢得小利还要大利，赚了一倍还想赚更多。一波行情完成后，特别是在行情的后期阶段更是拼命想赚取市场最后的一份利润，散户不能够把握自己以及交易的节奏，往往得不偿失，已获得的交易利润最终被贪婪所吞没，当清醒的时候，已经丧失再次交易的权利。

2. 散户的恐惧

恐惧就是对风险过度恐慌，特别是初入市场的散户，往往会违反交易中的原则之一——重势不重价，每次的交易都要与现实生活中的价格尺度进行比较，一次甚至数次的亏损将其多年的积蓄损失掉，就会变得视期货如洪水，这种心态导致出现悲观保守的情绪，从而坐失良机。

3. 散户的吝惜

吝惜就是吝惜资金，这种心态常常发生在散户短期被套，亏损额度逐渐放大的前提下，最终的结果是坐失及时割肉止损的良机，以至于被深深地套牢，丧失了大部分的资金。

4. 散户的从众性

只要有人群的地方，就会有争论，而在争论的群体中又分为三种人：先知先觉者、后知后觉者和不知不觉者。当一部分人的观点得到市场的验证时，散户就会长时间地关注并跟从这部分人，而这样又会影响更多的人，因此，随大流成为一种普遍的社会现象。往往大部分散户都能看清方向的时候，就是行情要发生突变的时候。

不管是什么原因，散户投资股市，赚钱概率是很小的，而投资炒股亏钱那更是家常便饭了。亏钱了，这种投资体验自然是不好的，正如中国古语所云：一朝被蛇咬，十年怕井绳！

散户的投资体验不好，那么散户自然就陆续离场！

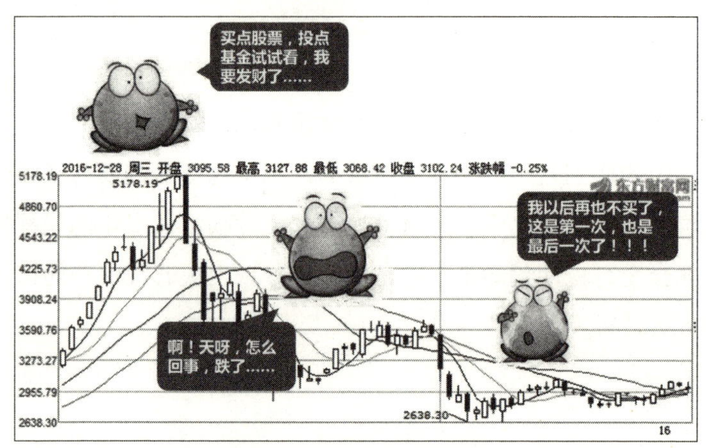

图1-4 客户投资体验图

其实，投资炒股和我们平时购买其他商品是一样的。试想一下，你去某家餐厅吃饭，吃完后上吐下泻，你将来还会去这家餐厅吃饭吗？我估计就算给你钱，你也不会去的！因为上次的体验太差了！

散户炒股也是如此，不仅很难赚到钱，而且还要经常忍受股市上下波动的折磨，自然投资体验很差。这样的股市，散户自然就慢慢敬而远之了！

那么，什么是投资体验呢？

我们如何投资，才能够有好的投资体验呢？

案例分析一

为什么巴菲特买中国石油赚了，而“中国大妈”却亏得一塌

糊涂

中国石油，也许是中国很多散户投资者心中永远的痛。有人曾调侃说：“问君能有几多愁，恰似满仓中国石油。如若当初没割肉，而今想来愁更愁。”

为什么会这样呢？

机构投资者曾从中国石油赚得盆满钵满，而散户投资者却在中国石油的投资中亏得片甲不留。

我们来看看，同样是投资中国石油，为什么巴菲特能赚得盆满钵满，而这一次中国散户投资者却是“赔了夫人又折兵”！

巴菲特投资中国石油赚了近10倍

在2008年，巴菲特致股东的信中，他谈到对中国石油的投资：“在2002年和2003年，伯克希尔用4.88亿美元买入中国石油公司1.3%的股权。按这个价格，中国石油公司的价值大约为370亿美元。查理和我当时都感觉该公司的内在价值大约应该为1000亿美元。到2007年，两个因素使得它的内在价值得到很大提高——油价显著攀升，以及中国石油的管理层在石油和天然气储备上下的大功夫。到2007年下半年，公司的市值上升到2750亿美元，是我们在与其他大型石油公司比较以后，认为它应该有的价值。所以，我们把手里中国石油的股票卖了40亿美元。”

资本的天性是追逐高投资收益率。在股票市场上，获得收益的根本秘诀只有一个：低买高卖。巴菲特也是如此，但他并不是预测股价涨跌，而是通过分析公司内在价值来判断股价相对于价值是低估还是高估了，以此决定低买还是高卖。

其实，很多机构投资者也是采用巴菲特的这种投资方法。对于中国石油，我的印象非常深刻，当时我刚入行，我所服务的基金公司手里面拿了不少中国石油的票，中国石油上市不过几天，价格就超过了40元。那一天，我正好陪我们公司的副总裁去拜访机构客户，途经天安门广场时谈及中国石油。当时作为才入行的小散户，说实话我也看不懂，虽然我在中国石化工作过，但当年中国石油一个大庆油田的利润就抵得上中国石化的总利润，所以，我也认为中国石油是很好的投资标，可是我们副总裁等投委会人员却坚持要卖中国石油，他甚至直接打电话给基金经理们，让他们清仓。有一些基金经理持反对意见，他告诉他们如果不卖，他就要动用投委会的权力清仓中国石油。后来证明这个决定是对的，虽然没有卖在最高点，但也是在40元卖的。如今回过头来看，那是一个很好的卖点！多年来，我一直对这件事情记忆犹新，机构投资者判断是否买卖，其实很多时候是基于大量的研究和分析做出的判断，而不是一时的价格涨跌，而这一点散户是很难做到的！

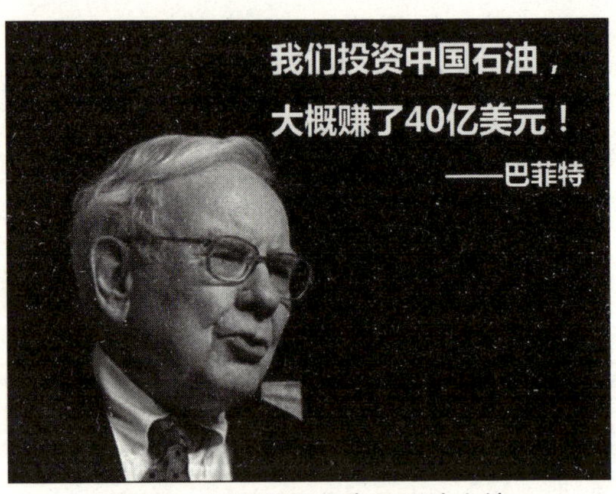

图1-5　巴菲特投资中国石油小结

中国散户投资者投资中国石油亏损80%

2007年11月5日，中国石油登陆A股，当天最高价达到48.62元；2008年11月4日，中国石油收报10.35元；而到2017年，中国石油已经跌破10元，仅为8元。在过去10年中，中国石油从最高点累计跌幅80%。

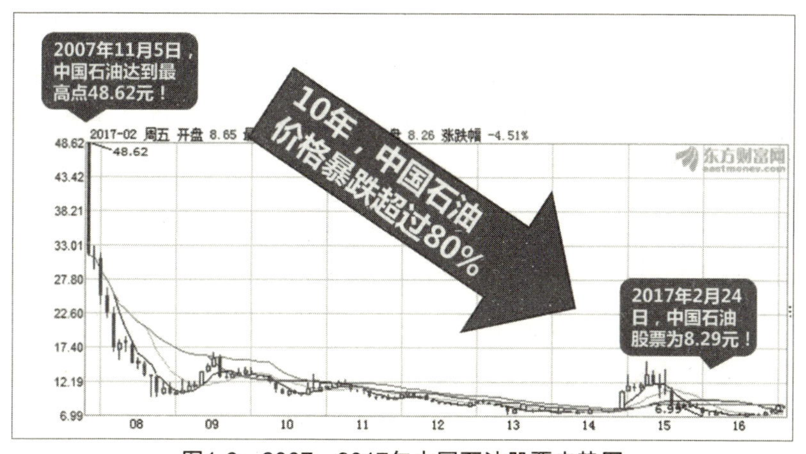

图1-6　2007—2017年中国石油股票走势图

甚至，中国石油的董事长为此事向散户道歉。然而，其道歉并没有得到中小股民的谅解。有专家分析认为，中国石油上市前的路演过于强调过去的业绩，“亚洲最赚钱公司”的光环更是一遍又一遍地宣传，而对未来的风险警示不足。这一系列过分的宣传让中小股民对中国石油的未来充满了无限的向往，也为他们在中国石油上市后的天价接盘埋下了祸根。

只要亏钱，散户是不会接受道歉的！

这个时候，散户又开始发扬“乐观主义精神”了，要把中国石油当成“传家宝”了！

最高价被套，张先生无奈留下“传家宝”[①]

福建的张先生是一个非常敬业的办公室职员，对社会上很多新鲜事物都具有较强的“抵抗力”。不过2007年10月，在A股冲破6000点直看万点的诱惑下，张先生还是很不情愿地走到一家证券营业部开了股票账户。

几天之后，中国石油的网上申购开始了，“零风险、高利润”，朋友们的解释让还没明白股票是怎么回事的张先生生平第一次入市炒股，不过很不幸，他的1万多元没有申购到中国石油的股票。大约1个星期后，中国石油即将上市，张先生决定，申购不到就买一点吧。11月5日早上9点刚过，他生平第一次坐在办公室的电脑屏幕前打开了股市行情，16.7元/股发行的中国石油却已经超过了48元，张先生有点不敢相信自己的眼睛，他赶紧照着屏幕上“买入价”一栏的最高价格填单——48.6元，他想都没想就挂了出去。

如今，张先生还是每天忙着自己的工作，仍然对很多新鲜事物不屑一顾。谈起股票，张先生仍然和当初一样茫然。他的交易账户上仍然只有100股的“中国石油”和100多元的余额，不过账户的市值已经从5000元缩水至不到1000元了。张先生说，他从来对股票就不感兴趣，这次炒股就当给自己一个教训，今后再也不会碰任何股票了，那账户上的“中国石油”不回本就坚决不卖，无论需要多少年，甚至是留给自己的孙子。此时，张先生刚刚27

① 2008年11月5日《信息时报》报道《中国石油破发千万散户梦断，股民无奈留传家宝》

岁，结婚未满1年。

同样是投资中国石油，巴菲特赚了10倍，而中国散户投资者却亏损了80%！

很多第一次投资股票的散户投资者总把亏损归结于运气不好，挑错了股票，其实不然。即使挑对了股票，很多散户也是拿不住的，根本无法等到翻倍乃至10倍，可能赚了10%～20%时就卖出了。想一想曾经有多少散户拿过万科或格力电器的股票，按照复权后的价格，这些公司不止涨了10倍，最高峰时甚至超过100倍。即便在2016年，指数回到3000点，也有几十倍的收益，但是真正能有多少人持有那么久呢？

所以，我们不难看到，无论在牛市或者熊市中，散户投资者都是很难赚到钱的，而资本市场发展历史越久就越成熟，散户投资者的比率应该是不断降低的！

第2章 关于投资体验的那些事

一、过去10年，散户投资者发生了哪些变化

从2007年的牛市到2015年的牛市，投资者尤其是散户投资者发生了哪些变化呢？

10年前，我在给散户投资者做培训的时候，还需要解释什么是“基金”、什么是“鸡精”、“基金和鸡精有什么区别”。如今，我们再看这些问题的确很幼稚。但在10年前，中国基金行业刚起步，2001年出现了第一只偏股型基金，2007年的牛市让股票型基金一战成名。而在2007年牛市前，基金对于很多投资者而言，还是一个很新的概念！

图2-1　基金营销图

由于过去10年互联网的快速发展，尤其是近几年的移动互联网、微信、微博等新媒体的出现，如今的投资者所接触的财经信息评论文章几乎是铺天盖地的。而且，近来很多知名的分析师及机构研究员也纷纷在微信端发表其专业分析报告，比如，我们熟悉的“泽平宏观”“姜超宏观债券分析”“分析师徐彪”等，这些公众号发表的专业分析文章，甚至比其发给机构投资者还要早。原本，机构投资者是有一定的信息优势的，可是有了微信之后，普通投资者所能接触到的各种各样的分析报告和机构投资者是一样的，而且基本都是免费的。

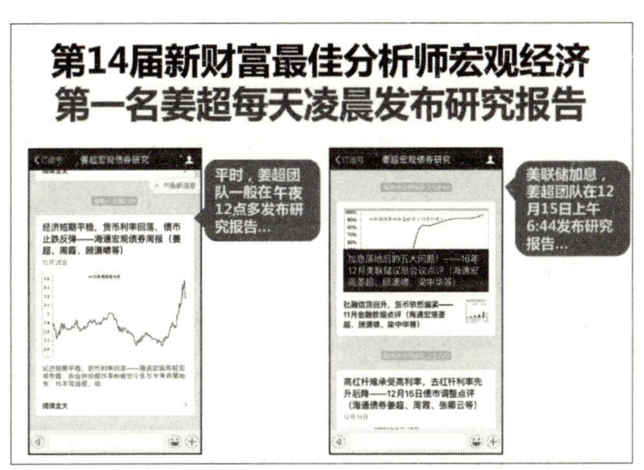

图2-2 新财富最佳分析师研究报告截图

2016年投资者的专业性比以前提高了很多，比如，我在很多培训中，经常会有投资者提问：“对人民币汇率怎么看”“对黄金怎么看的”“如何看待英国脱欧的潜在黑天鹅事件”“美联储加息对中国市场有什么影响”“MSCI未纳入中国A股有什么影响”……这样的问题在以前只有专业机构投资者才会提问。而如今，随便一场客户活动，客户都有提出类似的问题！

投资者如今所掌握的财经资讯和经济知识要远远超过以往任何时候，现在每一位散户投资者基本对市场都有自己独特的判断及分析，不再是以往盲目地跟风，所以，今天的投资者比以往任何时候都更为专业，大到美联储加息、国家宏观经济政策权威人士讲话，小到股票投资个股选择兼并收购等话题，大部分的投资者都能说出一二！

所以，对很多银行的理财经理甚至“80后”“85后”的基金经理而言，在投资者面前，要显示出你的“专业性”，并且靠你所谓的“专业性”来赢得客户将会越来越难！

这就不奇怪为什么招商银行近期在大力推动其“摩羯智投”了，就是因为他们意识到投资者变得越来越专业。而相比之下，其理财经理的成长速度已经难以满足客户的需要了，所以，银行才在后台推出了“摩羯智投”，希望以大数据等模型来打动客户。而招商银行理财经理团队又被誉为业内最专业的团队，如果连招商银行的理财经理都无法体现其专业优势，那么我们未来需要靠什么来打动客户呢？

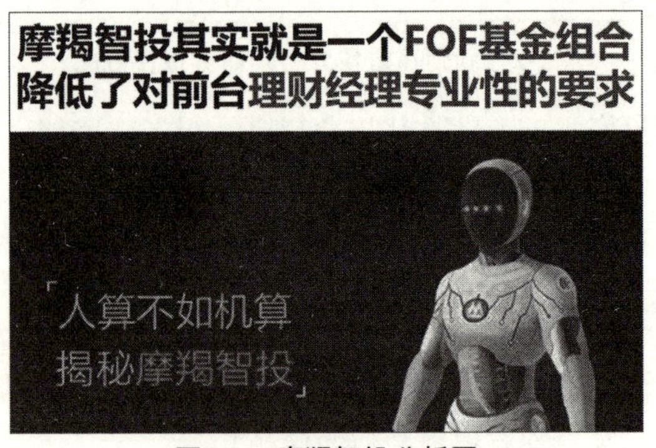

图2-3 摩羯智投分析图

案例分析一

基金经理推荐的股票靠谱吗

我们经常给散户投资者做很多路演培训，在回答问题环节乃至私底下沟通交流环节，很多散户投资者最喜欢提的问题就是：“能不能推荐几只股票？”

大家总觉得，作为机构投资者我们会有一些所谓的“内幕消息”，所以总想让我们推荐几只股票，那么基金经理推荐的股票到底靠不靠谱呢？

我们先来看看，公募的基金经理是如何投资股票的吧！

公募基金经理是如何投资的呢？

很多投资者经常会听到这样故事：某某明星基金经理挑中了某只牛股，上涨了很多倍，从而带来其所管理基金净值的大幅上涨！

当然，也有很多基金经理在路演培训的时候，大秀其曾经关注过某只个股，而后重仓，之后该个股走出神一样的行情……

其实，在公募基金领域，上述的故事很可能只说对了前半部分，故事的后半部分大多是：个股大幅上涨后，超过了该只基金10%的限制，基金经理不得不忍痛割爱，减仓、减仓、再减仓！

证监会对基金公司有“双十”的规定，即第一个“十”是指一只基金持有一家上市公司的股票，其市值不能超过基金资产净值的10%；第二个“十”是指同一基金管理人管理的全部基金持有一家公司发行的证券，不得超过该证券的10%。这样规定的目的是控制基金投资的风险。

宝能集团持有万科股份
接近25%

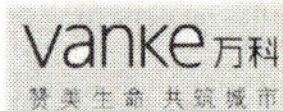

图2-4　宝能投资万科分析图

因为“双十”的规定，基金经理靠个股来带动业绩的大幅提升是存在很大的操作难度，而且是不可持续的，而他应该是靠行业配置，靠选对行业来超越市场的。

比如，基金经理看好房地产行业，他不可能像宝能集团的姚老板一样加杠杆重仓万科这样单只股票，甚至持仓比率超过万科公司市值的20%以上，虽然这样的投资曾让姚老板赚得盆满钵满，并且使其财富排名大幅上升。可是，对基金经理而言，因为有“双十”的规定，他是绝对不能这么做的。

基金经理看好房地产行业，又不能全买万科，那么该怎么办呢？这个时候，基金经理一般都会分散买房地产行业的股票，除了万科外，再买一些其他房地产公司的股票，比如招商地产、保利地产等。就单只基金而言，监管部门并没有限制其行业配置的比率，如果你看好某个行业，你重仓90%以上都没有问题。

其实，很多基金经理投资时都是先选择行业，然后就挑该行业前10的公司进行配置，通过行业配置来获取超额收益，而不是靠单只个股来获取超额收益！

所以，很多基金公司推荐的个股其实并不靠谱，如果真要推荐，反而是推荐行业相对靠谱一些！

二、什么是客户的投资体验

相比传统商品，金融产品最大的特点就是，金融产品是一种“无形产品”，看不到、摸不着，这样的产品又何以谈投资体验呢？

在谈投资体验之前，我们先来看看“体验”的定义。

根据百度百科，体验的定义是：体验到的东西使得我们感到真实、现实，并在我们大脑记忆中留下深刻印象，我们可以随时想起曾经亲身感受过的生命历程，也因此对未来有所预感。

从体验的定义我们能看出，客户在投资的过程中，尤其是历经了牛熊市洗礼后的投资者，在其大脑记忆中会留下非常深刻的印象，并且他们会根据过去的投资经验来决定未来的投资。

所以，投资体验并不是虚无缥缈的，而是投资者实实在在的亲身感受！

结合金融行业的特殊性，我们根据多年来与投资者的沟通交流及投资经验，自不量力地给“投资体验”下一个简单的定义：所谓的投资体验，就是从客户接触投资开始到投资结束，在投资期间内所经历的心理感受和情感波动。

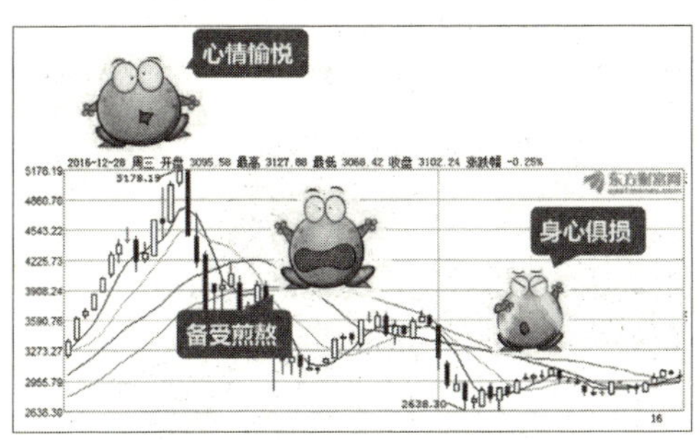

图2-5　客户股票投资体验图

这里需要注意的是，投资结束并不意味着客户就一定要赎回产品，也有可能是不再关注或不闻不问了，这就是所谓的“投资安乐死”。

如果这种心理感受和情感波动是积极、正面的，那么客户的投资体验就会很好，而且会有第二轮、第三轮的投资，往往第二轮、第三轮的投资会越滚越大；而如果这种投资体验很差的话，那么客户就会选择离开！

如果以此定位作为参考，那么目前A股市场投资者的投资体验如何呢？

三、为什么A股市场的投资体验很差

我们来看看以往中国投资者的投资体验如何？

中国A股市场波动性很大，而且各种内幕消息不断，所以对散户投资者是很不利的。在这种波动性很大，而且股价波动更多取决于上市公司讲故事的能力和水平的情况下，投资者的投资体验是很差的！

图2-6　P2P改名图

比如，2015年6月15日，5000点开始一路下跌，最经典的一天发生在7月的第二周，星期一竞价千股涨停、收盘千股下跌；星期二开盘千股跌停、晚上千股停牌；星期三开盘千股跌停、收盘千股跌停；星期四开盘期指跌停、午盘千股涨停；星期五再度千股涨停……投资者在一周的时间里面所经历的心理变化是无法用文字来描述的！不必说散户投资者了，很多机构投资者也是瞠目结舌！

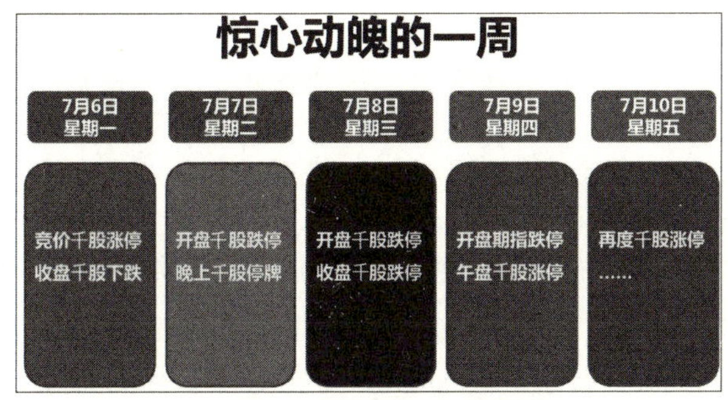

图2-7　股灾期间股市表现图

在这样波动极大的市场环境下，投资者所经历的心理感受和情感波动也是极大的，很容易走向两个极端，要么疯狂，要么绝望，很难有一个比较平稳的心理状态！

案例分析二

公募基金和社保基金的踩雷事件，机构的投资体验也不好

在A股市场中，不只散户的投资体验不好，有时候基金公司和社保基金的投资体验也很差，常碰到踩雷事件，甚至连基金公司的总经理都因为踩雷事件而辞职，而社保基金也会成为“重灾区”！

重庆啤酒，基金公司碰到一只大“黑天鹅”

历经重庆啤酒事件后，大成基金大伤元气，总经理王颢转投中国人民保险。①

2012年2月7日，重庆北郊一个偏僻的厂区办公楼里，黄明贵尴尬地面对一场罢免自己的股东大会——黄明贵是上市公司重庆啤酒（股票代码600132）董事长，在A股历史上，这是首例基金发起的罢免上市公司董事长事件。

这个罕见的事件，是因为重庆啤酒在股价上涨到80多元时却突然一路跌停，导致机构股东大成基金亏损超过20亿元，于是依照证券投资的相关规定提起罢免。

突然大跌是由于2011年12月8日重庆啤酒突然发布一则公告，宣布公司正在进行的乙肝疫苗项目临床试验数据不理想。乙肝疫苗项目13年前就已经启动，多年来一直是重庆啤酒最寄予厚望的增长点，也因此引来无数投资者蜂拥而入，推动股价不断上涨。

在大成基金看来，这是上市公司信息披露有问题所导致的投资者亏损。而在外界看来，这不过是重庆啤酒绵延13年的财富大戏中最新的一幕。②

作为老十家基金公司，数据显示：2013年第三季度末，大成基金以818亿元的资产规模排在第12位。“与很多老十家基金公

---

① 2014年1月16日《财经网》报道《历经重庆啤酒事件大成基金大伤元气，总经理王颢转投人保》

② 2012年2月10日《南方新闻网》报道《重庆啤酒：疯了13年的神话故事突破灭》

司相比，大成基金这几年没有发展出自己的特色来”，华南一家基金公司内部人士表示。

特别是2011年，历经重庆啤酒事件后的大成大伤元气。王颢领导的大成基金团队在“重啤”事件中相对滞后的反应与对策，一度使其受到质疑。公司股票投资部、研究部、数量投资部、产品设计部、国际业务部、交易部、总经理办公室共7个部门的总监被调换。此后，大成基金一直面临人才流失。数据显示：整个2013年，大成基金发布了20条基金经理变更公告，远远高于2012年的8条基金经理变动公告数量。

我对“重庆啤酒”黑天鹅事件印象还是很深刻的，当消息披露后，我的电话都快被打爆了，什么原因呢？我并不在大成基金上班，而是在与其同一栋楼的博时基金上班。很多到我们公司拜访过的客户都知道我们和大成基金是上下楼，于是都打电话来问我们是不是也重仓“重庆啤酒”，因为客户觉得不同公司的基金经理都在同一栋楼上班，吃饭聊天难免会碰在一起，而基金经理抱团投资的事情并不少见，幸好我们当时投资不多。

獐子岛，社保基金和公募基金的噩梦

獐子岛爆出“黑天鹅”事件，社保、公募齐踩雷。[①]

当人们欢喜雀跃的迎接万圣节时，2014年10月30日晚间A股上演了一起“黑天鹅”事件，海产养殖上市企业獐子岛发布公告称，因遭到几十年一遇的天灾，其在2011年和2012年播撒的

① 2014年11月3日《中国证券报》报道《獐子岛爆出“黑天鹅”事件，社保公募齐踩雷》

100多万亩虾夷扇贝几近绝产。受此影响，公司前三季度的业绩“大变脸”，由上半年的盈利4845万元转而变为亏损约8.12亿元。在獐子岛巨亏的利空消息中，社保险资和公募纷纷踩雷，社保基金成为重灾区。

獐子岛最新公布的三季报显示：由于本期底播虾夷扇贝存核销及计提存货跌价准备金额较大，存货较期初减少9.88亿元，合计影响净利润7.63亿元，全部计入第三季度。前三季度獐子岛实现营业收入19.93亿元，比上年同期增长6.75%，亏损8.12亿元；第三季度獐子岛实现营业收入7.46亿元，同比增长1.26%，亏损8.61亿元。

尽管獐子岛依然在停牌中，但业内人士认为复牌后暴跌的可能性极大。前十大股东中，3只社保组合、中国人寿等机构大量持股獐子岛。根据中国证券报统计，还有5家公募基金也持仓獐子岛，不过持仓比例相对较小。

根据獐子岛公布的三季报显示：第三季度末，全国社保基金四一四组合、全国社保基金一零八组合、全国社保基金一一零组合分列獐子岛第5至第7大股东，三者合持有2608.59万股，按照停牌前15.46元计算，市值达到4.03亿元。

与半年报对比发现，全国社保基金四一四组合在第三季度大幅加仓，截至2014年底持仓1049.95万股，数量最大，持股比例达到了1.48%。全国社保基金一一零组合也有所增持，持股比例上升至1.07%。全国社保基金一零八组合持股比例则没有发生变化，依旧维持在1.12%。据记者查证，这3只社保基金分别由三家地处华南的基金公司管理。

图2-8　獐子岛事件

WIND数据显示：基金三季报中，獐子岛出现在5只公募基金的前十大重仓股行列，对獐子岛的持股量为291.92万股，占流通股的0.43%，总市值只有4764.05万元。

而基金半年报、WIND统计数据显示：2014年6月底，曾有82只公募基金持有獐子岛，持股总量达到2568.38万股，占流通股的3.76%，市值约为3.59亿元。

由于基金半年报与三季报统计口径不同，因此，无法准确判断目前公募基金持有獐子岛的情况。仅就獐子岛在基金前十大重仓股数据来看，基金三季报相较于二季报减持57.44万股。

现在仍重仓持仓獐子岛的基金中，持仓量最大的一只基金为偏债型基金，持股数量为120万股，占流通股比例的0.18%。值得一提的是，此次“踩雷”的基金中有两只为主动偏股型基金；还有两只为被动指数型基金，持仓比例较小。

四、为什么我们的投资者教育都是失败的

我们以前谈投资者教育，基本的假设前提条件都是：散户投资

者是不专业的，投资需要交给专业的投资机构，比如基金公司等来进行操作。只有专业的投资机构，才能有效地规避风险，并且保护中小投资者的利益。

这样的投资者教育一开始就把散户投资者划为“劣等投资者”，所以我们所有的经典投资学都是给专业投资者看的，比如如何发现投资价值、如何估值、如何用复杂的量化投资工具来博弈等，然而从来没有真正关心过散户投资者的投资行为及投资体验！

在资本市场中，散户投资者的投资行为对市场的走势往往具有很大的影响，尤其在中国A股市场更是如此！

与其说是投资者教育，倒不如换个角度说是为了让投资者获得更好的投资体验！

五、余额宝是极致的投资体验吗

2013年6月，余额宝横空出世。其实余额宝就是货币基金，而当时货币基金在中国市场已经发展近10年了，一直“养在深闺人未识”，而余额宝出来之后，却能横扫中国资本市场，究竟是什么原因呢？

背后真正的原因是：余额宝是极致的客户投资体验！

1. 客户得到了最起码的平等尊重

由于客户不用到银行取号排队，不受起点金额限制，因此，客户的心理感受是很好的；相比以往在银行，如果你不是VIP客户，就得乖乖取号排队，想要买点理财产品：对不起，理财产品的起点是5万元或者10万元。其实，客户只要一到银行，便会被贴上各种标签，根据不同的标签银行会提供不同的服务。对大部分的客户而言，这种心理感受是很不好的，而在余额宝面前，人人平等。

2. “傻瓜式”操作，投资简单方便

一般余额宝收益会略高于银行存款利息，而且相对稳健。相比投资其他高风险类的产品，客户在投资余额宝的过程中情感波动是比较小的，不用担心大幅的市场波动，所以在投资的过程中，客户至少不用担心到晚上睡不着觉！

图2-9　余额宝宣传图

其实，余额宝的投资体验和使用苹果手机的体验有异曲同工之妙。

● 平等

苹果手机就一款产品，用户不会被贴上各种标签。即使你身价过亿，也和别人一样使用苹果手机，我们在苹果手机面前人人平等！这样客户的心理感受就会很好。

● 简单

苹果手机有几代的产品了，其实每一代的产品并没有什么实质功能性的更新，操作起来非常简单，几乎是傻瓜操作。余额宝几乎也是一样的，不用让客户操太多的心，申赎方便，对大部分客户而言，都能实现实时到账。所以投资变得很简单，让客户少操一份心，客户的情感波动就会少很多。

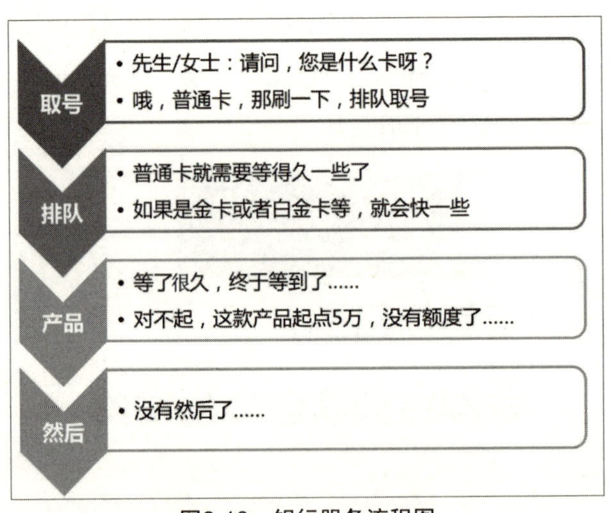

图2-10 银行服务流程图

而相比余额宝，投资者要去银行买理财产品或者货币基金，投资体验如何呢？

如果没有网银或者手机银行，好吧，你必须先去银行排队拿个号，等半天之后告诉你理财产品起点是5万元或者10万元，没有其他额度。想去买货币基金，可是投资者对货币基金并不了解，而且货币基金琳琅满目，哪家的货币基金更强还要经过一番挑选。而后，如果急用钱，货币基金赎回一般还需要“T+2”日才可以实现，就算有网银或者手机银行，也需要挑选和等待赎回到账的时间。

这样的客户体验当然很不好了，相比之下，余额宝几乎把投资体验做到了极致，平等而又简单。可见，任何需要让客户多操一份心的投资体验都是不好的！

六、投资体验将决定金融机构的成败

投资者的投资体验如果不好，则会阻碍投资者进一步投资！

很多银行的理财经理都知道，在面对客户时，他们最主要的任务就是把客户在其他银行的存款等拉到他们所在的银行，因为客户从来不会把钱只存在一家银行，所以基本每家银行都是在拉其他银行的客户和存款。

图2-11　银行理财经理形象图

如何让客户把其他银行的钱存到他们家的银行呢？尤其是现在银行的产品基本同质化。这时就需要比较银行理财经理的服务水平，而理财经理可不是像大堂经理一样，长得漂亮面带微笑就可以让客户满意，理财经理的服务水平体现在其专业性上。所谓专业性，就是需要让客户在银行的投资有好的投资体验！

谁能让客户获得良好的投资体验，谁就能赢得客户！

案例分析三

为什么投资者对基金经理的印象都不太好

近几年，常曝出基金经理“老鼠仓”事件，名字都可以列一大串了。最近当然非“徐翔”莫属了，而原本基金经理是一个高大上的职业，却似乎在一夜之间如过街老鼠一样被唾弃甚至被口诛笔伐。很多投资者只要提起基金经理就咬牙切齿，觉得很多基金没有做好都是因为基金经理做“老鼠仓”而不关心基金业绩。要是基金业绩表现不错，会让更多的投资者质疑，基金经理也是在做“老鼠仓”搞利益输送，相互抬杠，损害其他基金的利益来推高另外一只基金的业绩，比如对某某大盘基金业绩的质疑几年来不绝于耳，甚至在基金经理转投私募之后还要重翻旧账！

图2-12　基金老鼠仓

为何充满光环的基金经理无论业绩做好做差都会被质疑呢？

其实，究其根本原因就是基金经理和投资者之间缺乏沟通！

基金经理大都是高高在上，而投资者除了能关心业绩以外，基本不了解他所投资基金的基金经理的投资风格、投资理念等信息！

在传统的基金营销中，基金经理和投资者之间是没有沟通交流的，如果基金业绩与投资者的期望有所偏差，基金经理当然会受到质疑！

风波中的基金经理们

诚然，在基金经理的队伍中不乏害群之马，然而大部分的基金经理和研究员还是非常敬业的。我在基金公司工作近10年，接触过很多基金经理和研究员，他们超负荷工作，每周的工作时间达到80～100个小时，有时候出差坐飞机一天要到三个不同的城市调研。很多基金经理在40多岁的时候身体就已经吃不消了，不得不辞职回家休息，而近年来因为过劳死的基金经理的报道已经不是什么新闻了！而且大部分基金公司的风控是非常严格的，比如，我所在公司，每天基金经理和研究员上班就需要把手机全部交到前台，每次客户来参观，我们都会拉开专门放手机的柜子让投资者看，很多投资者是非常震撼的，因为他们一直以为基金经理就是在电脑前看盘并不断打电话进行交易的。而为什么很多基金经理这么敬业却得不到投资者的认可呢？

很多人觉得是业绩原因，其实不然，大部分基金的投资业绩相比市场基准还是不错的，比如，最近两年的新发基金如果持有到现在，大概80%的基金都是赚钱的，比散户投资者的业绩当然要强得多，可是为什么还有那么多人骂基金经理，却不见有人骂巴菲特呢？其实，这几年来巴菲特的投资业绩也不好，甚至他自己都承认，他的投资业绩低于标普500指数的收益，而为什么没有投资者大骂巴菲特，甚至2014年巴菲特的午餐还拍出了1355万元人民币（约216万美元）的高价，比2013年的价格整整上涨了两倍！

基金经理都去哪里了呀

传统的基金营销中，投资者是见不到基金公司的，更不用提基金经理了。而且，即使在新基金募集期间，所谓基金经理出来路演培训，其实主要也还是市场人员，因为在基金公司内部考核机制中，基金募集是营销部门的事情，和基金经理基本没有什么关系。募集多少，那是基金公司需要操心的事情，与基金经理无关，而基金经理需要做的事情就是募集到钱后由他来管理投资。至于业绩好坏也不用基金经理来沟通交流，偶尔有客户投诉就由客服和市场去解决，他们就只需要在后台默默调研、默默工作。至于和投资者见面，那基本要看基金经理的心情了，因为没有基金公司硬性要求基金经理一定要出来见客户的。

这就不奇怪为什么很多投资者好不容易见到基金经理后都大跌眼镜，觉得很多基金经理连话都说不清楚甚至逻辑混乱、前后矛盾，这样的基金经理怎么能做投资！更有人把基金经理的沟通交流投资策略言简意赅地总结为三把斧：第一把斧先讲宏观，讲发电量、CPI、PMI、M2；第二把斧讲微观，哪个行业可以关注，哪个行业要谨慎；第三斧讲产品！大部分基金经理的沟通交流，甚至基金公司的宣传软文大抵如此，千篇一律，毫无新意。甚至有很多基金经理一上台就发抖，当年我接触过一位从业近10年的基金经理，上台给客户培训前竟然给他妈妈打电话，上台基本就是在背稿。后来他告诉我，这是他第一次上台培训！我当时听了之后感到非常吃惊。以至于后来，当很多客户强烈要求要见一见基金经理和研究员的时候，我们都要先内部把关，先看看这位基金经理的沟通交流能力如何？甚至，很多银行渠道现在已经不让基金经理和研究员来做培训了，因为大部分基金经理沟通交流能力都很差，他们培训完了之后常常会把本来有意向投资的客户吓跑！

基金经理和投资者之间的桥梁在哪里

2007年国内开始推出QDII产品，而后2008年发生次贷危机，很多华尔街的华人投资精英开始回国。这个时候，笔者开始接触了很多海外的基金经理，发现他们和国内的基金经理最大的区别就是：他们的沟通交流能力都很强，而且很愿意和客户交流分享他们的投资理念和观点！

原来，在海外募集资金的时候，基金经理的路演是非常重要的。作为基金经理，你要能够讲清楚你的投资策略、投资逻辑和投资思路，如果你没有办法和投资者沟通交流，那么又如何能够吸引投资者来投你的基金！怪不得即使像巴菲特这样的投资大师，每一年也都需要在股东大会上与投资者沟通交流他的投资思路！尤其在2008年发生次贷危机的时候，巴菲特的投资曾受到很多投资者的质疑，比如，投资50亿美元给高盛，就被很多投资者批评“股神老矣”，甚至巴菲特的公司还面临评级下调的风险！这个时候，巴菲特没有保持沉默，而是通过很多渠道不断来阐述他的投资理念和逻辑，最后他还是说服了大部分的股东支持他的投资。一年之后，巴菲特从高盛的投资中获得近30亿美元的利润，盈利高达60%，此役再次成为股神的一个经典案例！

可是，反观我们国内的基金经理！

沉默，沉默还是沉默，要不就是发表一些模棱两可的观点让投资者自己猜吧！甚至在很多基金公司内部，基金经理都不和市场部门交流他们的投资观点，使得很多市场客服人员在安抚客户的时候只能靠自身的功力和专业水平！

而我们再来看看投资大师巴菲特和彼得·林奇，他们不仅擅长投资，更擅长和投资者沟通交流，巴菲特会兴致勃勃告诉你，他是如何投资他最喜欢喝的可口可乐的。彼得·林奇也会告诉你他是如何在逛街时发现10倍的牛股……每一位投资大师之所以被称为大师，不仅仅是因为他的投资者业绩，更重要的是他能把他的投资理念与投资者进行沟通交流，而不是高高在上，孤芳自赏！

著名的数学家苏步青在担任复旦大学校长期间就曾经说过一句话："如果复旦大学能够自主招生，第一堂就先考语文，而且考了之后马上判分，如果语文不合格，其他的就不用考了。"

因为，即使你在其他学科都很优秀，但是你语文不好，没有能力把你的研究成果写下来、说出来和别人分享，那你的研究成果只能是你自己的而不被大家认可！

这种案例在科学界已经屡见不鲜了，比如，生物进化论是法国科学家拉马克最先提出来的，可是他的文章晦涩难懂，而且因他口才不佳甚至被人误解而遭到批评，然而最终把进化论发扬光大的是我们都知道的英国科学家达尔文，因为他写了《物种起源》！

在资本市场中，美好的时光都是短暂的，熊市的时间往往比牛市长，如果基金经理没有办法和投资者沟通交流，那么这样的基金经理就会经常被误解，受到质疑和批评就不足为奇了！毕竟投资者都无法理解基金经理的投资思路和想法，又有什么理由要求投资者耐心等待基金经理来证明他们自己呢？

现实也是如此，大部分国内的基金经理基本上都是高高在上的，从来不主动学习如何与投资者沟通交流，甚至很多基金经理都觉得我讲的东西投资者听不懂，那是投资者的水平不够而不是我的能力不行！当这样的基金经理因为业绩不好而面临质疑又没有沟通或解释不清的时候，投资者不想到“老鼠仓”还能想到什么？

真正的投资大师都是沟通交流的高手

随着中国资本市场的不断发展和成熟，相对专业的投资者会越来越多，未来基金经理再默默地做事肯定是不行的！他们一定会像海外的基金经理一样被推向前台，去和投资者沟通交流！其实，现在国内很多私募的基金经理比如赵丹阳等，就开始以他们的投资风格和个人魅力来吸引投资者。投资者可以不认同甚至质疑基金经理的短期业绩，但是他们只要认同基金经理的投资理念从而坚持投资，最终会因为信任基金经理而获得回报，正如人们选择巴菲特，那是因为投资者认同巴菲特的投资理念，从而愿意给巴菲特时间来证明他的投资理念。

而国内的投资者只要一买基金就只有一个要求——上涨，而且要天天上涨，不管是什么基金，不管是谁做基金经理！出现这种情况，除了我们对投资者教育不够以外，其实也和基金经理整体缺乏与投资者沟通交流有很大的关系！

国外的基金经理甚至上市公司的CEO都很重视和投资者的沟通交流，比如，当年思科公司董事会主席，红杉资本创始人唐•瓦伦丁在思科公司上市前就曾经专门请了培训大师魏斯曼对其路演进行了专门的设计和指导，后来思科成功上市，当天上涨了4美元。唐·瓦伦丁说道：“在思科股票上市当天上涨的4美元中，其中2～3美元的涨幅要归功于魏斯曼。”

在思科股票上市当天上涨的4美元中，
其中2~3美元的涨幅要归功于魏斯曼！
——唐·瓦伦丁
思科董事会主席
CISCO

图2-13　思科IPO分析图

我们期待着大浪淘沙中会涌现出更多有个性、有特点的基金经理，他们不仅有自成一家的投资风格，并且还擅长传经授道，有他们自己追随的投资者！到那时，中国肯定也会出现像巴菲特和彼得·林奇这样的投资大师！而要成为这样的投资大师，于国内基金经理而言，最重要的不是到处去挖掘内幕信息发现所谓的价值洼地，而是要先学会如何与投资者沟通交流，架起和投资者沟通交流的桥梁！只有获得投资者的信任，基金经理才有时间来证明自己！

第3章 如何让客户的投资体验更好

如何让客户的投资体验更好呢？

很多人说：“这不是废话，当然是让客户赚钱了！”

那么，问题来了。我们如何能够让对资本市场几乎一窍不通的客户在股市中赚到钱呢？

在回答这个问题前，我们需要先了解一下股市赚钱的逻辑。

一、股市赚钱的逻辑：以时间换收益

经历政治上“三起三落”的伟人邓小平，在别人问他怎么度过最艰难的日子时，他说了两个字：忍耐。1973年他从江西回来见到毛泽东主席时，毛泽东主席问他这些年是怎么过来的，他也说了两个字：等待。

忍耐和等待，是伟人之所以成为伟人的特质！

在股票和债券市场，要成为成功的投资人，同样需要具备这种特质：忍耐和等待！

我们来看看股市赚钱的逻辑是什么？

股市赚钱的逻辑和其他行业是不一样的，就是要经过长时间的亏损和等待。等待牛市，把以前所有的亏损翻倍赚回来。

而如果投资者是在牛市中途甚至是顶部，比如，2016年的5000点或者2007年的6000点开始介入资本市场的，那就很痛苦了，就需要更长时间的等待！

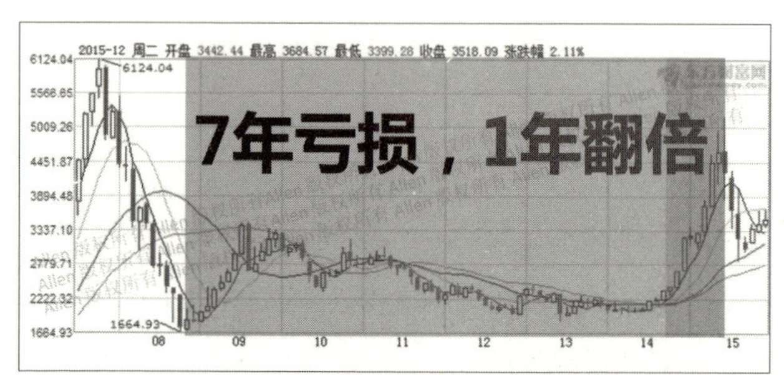

图3-1　股市赚钱的逻辑图

投资股票其实和马云曾经说的一句话很像：今天很残酷，明天会更残酷，后天就很美好，但是，很多人都死在明天晚上！

如果换成投资，那这句话可以改为：今年很残酷，明年会更残酷，后年牛市就来了，但是，很多人基本都倒在牛市出现前！

想要在股市赚钱，就需要明白股市赚钱的逻辑。

所谓“猫有猫道，狗有狗道”，每个行业赚钱规律都是不一样的，你不能用其他行业赚钱的逻辑来套用股市的！股市赚钱的逻辑其实很简单，就是等待，在漫长的熊市中等待牛市的到来，可是大部分的投资者却没有耐心等待！

案例分析一

股神巴菲特的三大投资攻略

“股神”巴菲特投资成功的秘诀有三条：第一，尽量避免风险，保住本金；第二，尽量避免风险，保住本金；第三，坚决牢记第一、第二条。

1956年26岁的巴菲特靠亲朋凑来的10万美元起家，60年后的2016年，福布斯最新全球富豪排行榜显示，巴菲特的身家已达到了685亿美元。其掌舵的伯克希尔·哈撒韦公司在40年前濒临倒闭，直到巴菲特买入后，该公司净资产从1964年的2288.7万美元增长到2016年底的4165亿美元，股价则从每股十几美元涨至如今的25.4万美元。[①]

巴菲特的故事无异于神话。但仔细分析巴菲特的成长历程后可以发现，他并非那种善于制造轰动效应的人，更像是一个脚踏实地的平凡人。

图3-2　股神巴菲特

虽然巴菲特是全球最受钦佩的投资家，但是很多机构投资者不理解他的投资方法，很少有投资咨询公司或养老金信托公司会委托他管理资金。而巴菲特所掌控的伯克希尔公司股票，包括基

① 截至2017年2月21日伯克希尔·哈撒韦公司的收盘价格。

金经理在内的大部分人都不会去买，也从来没有分析师推荐他的股票。或许在很多人眼中巴菲特更像是一个老古董，他的投资理念与市场格格不入。总之，巴菲特与其他人总有那么一点点区别与距离。或许正是这一点点区别决定了巴菲特只有一个，而我们都不是。

巴菲特的投资攻略一：避免风险，保住本金

为了保证资金安全，巴菲特总是在市场最亢奋、投资人最贪婪的时刻保持清醒。1968年5月，当美国股市一片狂热的时候，巴菲特却认为已经再也找不到有投资价值的股票了，因此，他卖出了几乎所有的股票并解散了公司。结果在1969年6月，股市大跌渐渐演变成了股灾，到1970年5月，每只股票都比1969年初下降了50%，甚至更多。

巴菲特的稳健投资，绝不干“没有把握的事情”的策略使他避过了一次次股灾，也使得机会再次来临时他的资本能够迅速增值。但很多投资者却在不清楚风险或没有足够的能力控制风险时贸然投资，又或者因为过于贪婪的缘故而失去了风险控制意识。在做任何投资之前，我们都应该把风险因素放在第一位，并考虑一旦出现风险我们的承受能力到底有多强，如此才能立于不败之地。

在2015年的牛市期间，当时在很多微信群中，几乎每天每个群中都有人推荐涨停板股票。很多初入市的投资者总觉得自己是百里挑一的幸运儿，买的那只股票肯定会涨停。而正是出于这种心理，很多散户投资者都血本无归！

巴菲特投资攻略二：成为一名长期投资者，而不是短期投资者或投机者

巴菲特的成功最主要的因素是：他是一名长期投资者，而不是短期投资者或投机者。巴菲特从不追逐市场的短期利益，不会因为一个企业的股票在短期内大涨就跟进，他会竭力避开被市场高估价值的企业。而一旦决定投资，他基本上会长期持有。所以，虽然他错过了20世纪90年代末的网络热潮，但他也避开了网络泡沫破裂给无数投资者带来的巨额损失。

巴菲特有句名言："投资者必须在设想他一生中的决策卡片仅能打20个孔的前提下行动。每当他做出一个新的投资决策时，他一生中能做的决策就少了一个。"巴菲特也许并不是最出色的，但没有谁能像巴菲特一样长期的决策表现能够比市场平均水平好。在巴菲特的盈利纪录中可发现，他的资产总是呈平稳增长的态势，甚少出现暴涨的情况。1968年巴菲特创下了58.9%的年收益最高纪录，也是在这一年，巴菲特感到极为不安，从而解散了公司，选择了隐退。

从1959年的40万美元到2004年的429亿美元的这45年投资中，巴菲特的年均收益率为26%。从某一单个年度来看，很多投资者也许对此成绩并不以为然。但没有谁可以在这么长的时期内一直保持这样的收益率。这正是因为大部分人都会被贪婪、浮躁或恐惧等人性弱点所左右，最终成了一个短期投资者或投机客。

巴菲特投资攻略三：把所有鸡蛋放在同一个篮子里，然后小心地看好

究竟应把鸡蛋集中放在一个篮子内还是分散放在多个篮子里？这种争论从来就没有停止过，也不会停止。其实，这不过就是两种不同的投资策略。从成本的角度来看，集中看管一个篮子总比看管多个篮子要容易，成本更低。但问题的关键是能否看管住唯一的一个篮子。巴菲特之所以有信心，是因为他在做出投资决策前，总要花上数个月、一年甚至几年的时间去考虑投资的合理性，他会长时间地翻看和跟踪投资对象的财务报表和有关资料。对于一些复杂的难以弄明白的公司股票他总是避而远之。只有在透彻了解所有细节后，巴菲特才会做出投资决定。

由此可见，成功的关键因素在于投资前必须要有详细周密的分析。相比之下，很多投资者喜欢道听途说或只是凭感觉投资，完全没有进行独立的分析，没有盈利的可靠依据，这样投资难免会导致失败。

二、“沙县小吃”和投资炒股的故事

我在培训的时候经常给客户举“沙县小吃”的例子：

比如，你投资10万元，开了一家“沙县小吃”的店，今年生意不错，赚了1万元，回报率在10%，而明年你大概还是只赚1万元，这是为什么呢？因为你的店面就那么大，只能坐那么多的客人，所以，你去年赚1万元，明年大概也就只能赚1万元，后年也大概持平……这样过了5～6年，大概赚6万元，年平均回报率都是10%。

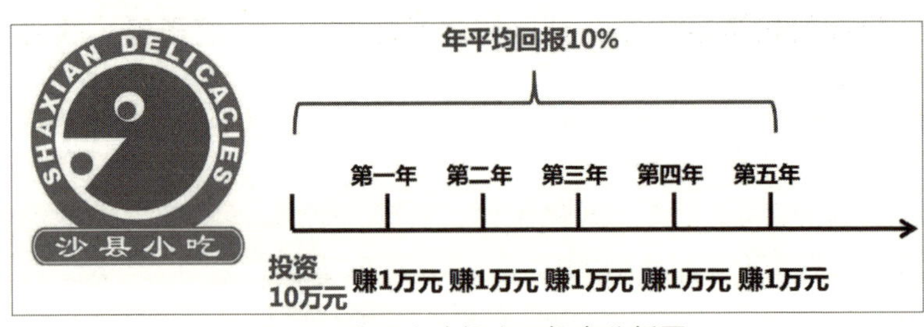

图3-3　沙县小吃投资回报率分析图

这就是传统行业典型的盈利模式，每年都有回报，但很难有爆发式的增长！

而投资股市则完全不一样，就算你很倒霉，在2009年底市场高点的时候，投资了10万元买股票，第二年就亏损了20%，第三年再亏损10%，两年下来，直接亏损了3万多元，这个时候该怎么办？对传统行业而言，就应该关门了。而你如果直接赎回，那么就是亏损了3万元！可是，如果你再熬几年，到2015年，你就能把钱全部赚回来了，甚至可能翻倍到20万元，直接能赚10万元。其实算一下年化收益率，大概在15%，和传统行业区别并不是很大，但是等待的时间不一样，所历经的心理和情感波动更是不一样了！

图3-4揭示了普通投资者在交易中心理变化过程，仔细研究哦，对我们克服心魔有很大帮助！

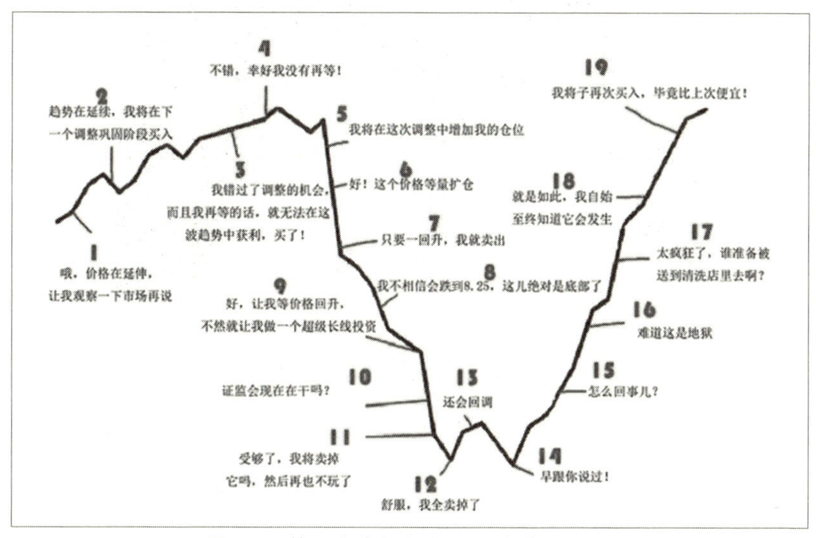

图3-4　普通大众的投资心理变化过程图

传统行业每年都会有盈利，而股市不同，需要忍耐和等待！

忍耐熊市中的亏损，才能收获牛市中的盈利！

这就是股市赚钱的逻辑！

三、“严肃一些：我不投资，我要抢劫！”

很多客户投资炒股都是抱着这种心态的。他们不明白股市赚钱的逻辑，一买股票就希望天天涨停，希望年化回报率超过100%，这个时候自然期望越高，失望也就越大了！

在我们看来，这不是投资，而是抢劫！

图3-5 散户投资心态漫画图

我们在做培训的时候，遇到过一个新客户，他总是抱怨只要投资基金或者买股票就亏损。

于是，我就反问客户：“你是做什么行业的？”

客户回答：“建筑装修”。

“你在这个行业做了几年了？”

“十几年了。”

“如果我一点行业经验都没有，现在就进入你这个建筑装修行业，并且我希望今年就能在这个行业赚很多钱，你觉得合理吗？”

“不可能，你对这个行业不了解，怎么赚钱？除非你抢钱！”

“其实投资股票也是一样的道理。如果之前你都没有经历过熊市，而是在牛市进来就想赚钱，就想要达到100%的收益率，那么在我们看来，也是抢钱，所以，被套其实是一种必然而不是偶然！”

听到这些，客户基本就不再说话了，因为大部分牛市进来的客户都是抱着侥幸心理来投资，最后因为人性的弱点被套其实是一种必然，而不是偶然！

对大部分投资者而言，都是没有耐心的！

如何让大部分没有耐心的投资者赚到钱呢？

如何让大部分没有耐心的投资者有好的投资体验呢？

这是一项巨大的挑战！

案例分析二

余额宝也许是压垮房价的最后一根稻草

房地产投资是一项只赚不赔的安全投资，中国投资者对于这一说法曾经是深信不疑了。2016年房价又开始了新一轮的疯狂上涨，这更加坚定了很多投资者的信心，“只买北上广，房价永远往上涨”。

可是，我们都知道，没有任何一种商品可以永远往上涨的，即使是黄金，也有下跌的时候，“中国大妈”买黄金被深套至今仍是一个血淋淋的案例！

那么，房价什么时候会下跌呢？

这是无法预测的，就像我们很难判断股市什么时候会上涨一样，但是我们坚信，永远没有只涨不跌的商品，价格调整只会迟到，但从来都不会缺席！

房价的调整，其实在2013年6月余额宝横空出世时就埋下了伏笔，房价波动只是故事情节的起伏而已，从来不会改变趋势！

我们一起来浅析一下：为什么余额宝是压垮房价的最后一根稻草。

银行存款搬家，房地产躺着中枪

2013年6月13日在余额宝横空出世之后，银行业的存款便面临着巨大的压力和挑战！

比如，截至2014年8月17日，四大行存款负增长近5300亿元，其中中行减少近2500亿元，工行减少近1300亿元，建行减少1000亿元，农行减少500亿元！

银行的主要利润来自贷款，而银行的贷款总额是受存贷比限制的。如果存款不断减少，那么相应的贷款额度必然也会不断减少，而银行贷款额度的不断减少，首当其冲的便是房地产！

在银行信贷下降的背后，是按揭贷款的萎缩。目前多家银行缩小了住房贷款规模，有的银行公开控制开发贷款数量，也有银行变相减少按揭业务。不管各家银行对住房贷款态度如何，传统的安全产品按揭贷款的利率价格已经难见优势，甚至可以说，银行对房地产业的风险偏好迅速下降！

近期，虽然有很多地方政府明文放开了限购甚至隔空喊话希望银行不要再惜贷、限贷了，可是不断下降的存款导致了贷款额度的下降，也倒逼着银行不得不惜贷、慎贷！

“宝宝”类产品的出现，让银行存款搬家，贷款规模下降，从而也直接导致了房地产行业的融资更加困难！

除了银行和房产，老百姓有了新的投资选择

普通老百姓以前的投资基本就是“一有钱就存银行，攒够钱就去买房”。

在过去的10年中，很多普通老百姓就是安安稳稳地把钱存在银行，然后攒够钱再去买房，基本没有什么其他投资渠道和选择。虽然有一小部分投资者享受到了2006—2007年的股市大牛市，但是有更多的投资者却被深套其中至今仍血本无归！

而在过去10年中，除了2008年以外，房价几乎年年上涨。在中国，买房和投资新股基本是包赚不赔的！可以说，除了买房和存银行以外，普通老百姓基本不做其他任何投资！

可是自从余额宝出现之后，老百姓的投资理财意识在一夜之间觉醒了！

虽然余额宝的收益不高，但是对普通老百姓而言，余额宝为他们的投资理财打开了一扇新的大门。一部分投资者通过余额宝认识了货币基金，慢慢地就有越来越多的投资者通过货币基金尝试投资债券基金和股票基金！

从余额宝推出至今已经有一段时间了，很多投资者也已经开始在尝试投资债券基金和股票基金了，尤其是2017年初以来，很多债券的基金收益率已经超过了10%，而股票基金在最近股市从

2000点反弹至2300点的过程中也收益颇丰，很多股票型基金的收益率都已经超过了30%，收益率最高的则超过了50%！

从2013年余额宝的出现，到2014年春节后债券基金的强势上涨，到2017年股票型基金的绝地反弹，可以说，一如史诗般的牛市前奏基本为投资者的投资理财完美地呈现了一条从低风险产品到中风险产品再到高风险高收益产品的渐进式的投资大道！

其实，很多银行的理财经理也是这样引导客户进行投资的。从2017年初理财产品收益率接近7%后一路下跌就开始引导客户投资债券基金，而后再配置到股票基金上！

余额宝作为敲门砖，让很多普通老百姓重新认识了基金，而同时债市和股市行情又很配合地引导投资者慢慢配置更高风险和高收益的产品。近期沿海某大行的个人金融部门，给全行近百万的客户发送了一条短信："今年该银行所有主推的20几只基金平均年化收益率高达40%"。

"90后"不爱买房更爱余额宝

"90后"曾经被房地产商寄予了厚望，认为其可以成为买房的新生力量！

马佳佳曾说过一句话："90后不买房"。这句话让任志强大叔几乎拍案而起："'90后'不买房，是没有买的能力，也没到买的时候！"

那么"90后"是不想买还是没有能力买呢？

我们都知道年轻人买房不管是"80后"还是"90后"，从来靠的都不是自己而是拼的父母的实力。"90后"的父母主要是"60后"，而"60后"正是当前社会的中坚力量。任大叔说

“90后”没有能力买房其实等于是说“60后”没有实力，而这样的推断是站不住脚的！

“90后”是在互联网浪潮和出国留学的浪潮中成长起来的一代，他们不仅更加具备全球化的视野，而且更加懂得如何借助互联网来达到他们的目标！可以说，“90后”是目前为止最具备投资理财意识的一代！

截至2016年中，天弘基金数据显示：余额宝的用户已经超过3亿人，而“80后”和“90后”的用户占比接近90%。余额宝已成为“80后”和“90后”首选的投资理财工具。①

目前，如果让一位“90后”买套房子，他们大概需要付多少资金呢？

以北京为例，按照2017年平均成交价格为40000元/平方米来计算，买套房子加上装修成本至少需要45000元/平方米。在中国结婚一般都需要买一套3室的房子，大概100平方米，那么就需要450万元，首付基本一次性就需要拿出200万元左右的现金！

对于“80后”而言，基本上大部分人都会东拼西凑出首付钱交给银行，之后每个月安稳工作，老老实实还房贷。可是，很多“90后”却似乎不会重蹈“80后”的覆辙，他们会算笔账，比如，200万元去买余额宝，那么一年可能挣6万～8万元，每个月会有超过5000元的收入，用这些钱可以去租套不错的房子，并且还不用背上还房贷的包袱，也不会降低自己的生活品质！

还有，随着房价的上涨，很多车位价格上涨的比房价更快，

① 2017年1月11日《中国经济网》报道《20万人年终奖调研，余额宝成年轻人年终奖的主要去处》

比如，在我所住的小区，一个车位将近50万元，而这样的车位每个月的租金基本1000元不到，其实很多人买车位都是在赌——车位会继续上涨！

可是，最近却有很多小区业主不买车位了。为什么？原来他们算了一笔账，50万元拿去买余额宝，以4%的年收益率来算，一年至少2万元，一个车位租一年也才12000元，而买余额宝还可以多赚8000元，所以他们就觉得租比买更为划算！

“90后”很多人的投资想法跟我们是不一样的，他们是伴随着互联网成长起来的，而当他们进入需要买房年龄的时候，房价已经是“90后”负担不起的了。其实，过去10年房价的上涨，使得大部分的老百姓都成为受害者，因为房价上涨的受益者主要都是地方政府和房地产商，自问我们身边又有多少亲戚朋友真正是在过去10年买房炒房中挣到钱的呢？对于大部分老百姓而言，其实都是自住房，房价的上涨老百姓除了心理安慰以外，对可支配的资产并没有任何影响，甚至是负面影响！

余额宝的兴起，才是真正打开老百姓财富的一扇大门。从2013年下半年货币基金的一路狂飙到债券基金的强势上涨再到2014年底股票基金的绝地反弹，可以说，一如史诗般的市场行情给了老百姓投资理财最好的实践机会！

无论你钱多钱少，“宝宝”们都欢迎你！

任何一次的变革，都是来自老百姓的觉醒！

当余额宝真正开启老百姓通往财富的大门时，也就是老百姓开始远离中国房地产的时候了！

也许，余额宝才是真正压垮房价的最后一根稻草！

第4章 基金定投是极致的客户投资体验

一、在股市中赚钱策略：分散播种，集中收获[①]

如果采用每年分散认购新发基金并于第二年一季度集中赎回的策略，自2001年开放式基金诞生以来，在14年中，有12年是赚钱的，仅2011年和2015年是亏损的，盈利高达85.7%。

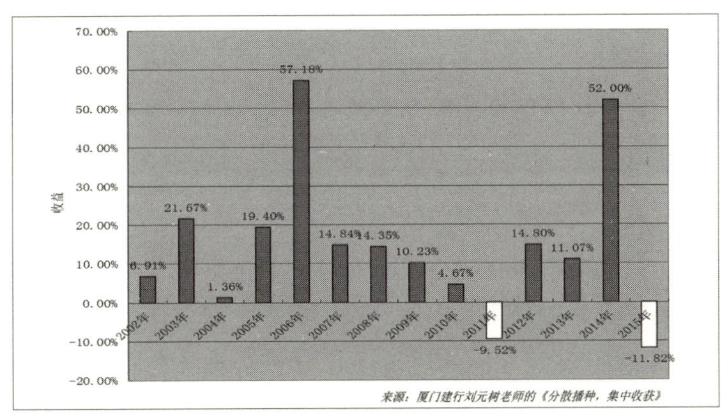

图4-1　历年“分散播种，集中收获”收益图

上证指数在过去短短的1年时间里已翻番。当大多数投资者还在懊悔2014年没有及时建仓投资基金时，采用建行“分散播种、

① 刘元树《分散播种，集中收获》

集中收获”基金投资策略的投资者，分散认购了2014年建行推荐的34只股票基金，已经平均获利超过81%，年化收益率高达99%。[①]

自2001年中国市场诞生了开放式基金，至2015年3月底，采用每年分散认购建行新发基金并于第二年一季度集中赎回的策略，有13年是赚钱的，仅2011年至2012年这一年是亏损的，盈利高达92.8%。2007年建行审时度势，及时提出A股市场有效性不足、主动型基金长期大幅战胜被动指数型基金的结论，对“分散播种、集中收获”的投资策略进行了修正，重点建议客户“播种”主动型基金。截至2015年5月11日，建行在2012年、2013年、2014年推荐的基金平均收益率分别高达140%、95%、80%。

厦门建行于2012年6月在各大媒体平台上提出当时已经进入了新发基金盈利的时间窗口。回顾新发基金，近三年建行推荐的新发股票型基金平均年化收益率分别超过35%、41%、90%，投资者获得了丰厚的回报，基金公司专业投资能力在过去震荡市场和牛市中凸显出来了。

观今宜鉴古，无古不成今。对广大投资者而言，未来“分散播种、集中收获”仍是一般散户投资者不二的选择。在信息不对称和自身专业能力不足的情况下，只有分散A股最大的系统风险，借助基金公司新发基金的通道，在至少6个月的时间跨度中分散认购新基金，就可以最大限度地规避风险，分享中国经济的成长果实。

---

① 数据截至2015年5月

案例分析一

厦门，除了房价外，这个数据才真正震撼了全国，银行行长都组团来学习

厦门，最近很火，因为房价，厦门这个小岛和“北上深”的超一线城市站在了一起，把广州都甩开了几条街！《新财富》的一篇文章中有一句话真实描绘了厦门的现状：厦门，本来就是三流城市的底子，打肿脸充胖子（主要是房价）挤进了二流城市的行列，却总认为自己应该是一流城市，这就是厦门人的痛苦所在！

我们现在不谈房价，除了房价外，厦门还有一个数据才真正震撼了全国，使得银行行长都组团来学习，是什么呢？

首先，我们来看看这个数据，厦门真正碾压“北上深”，如图4-2所示。

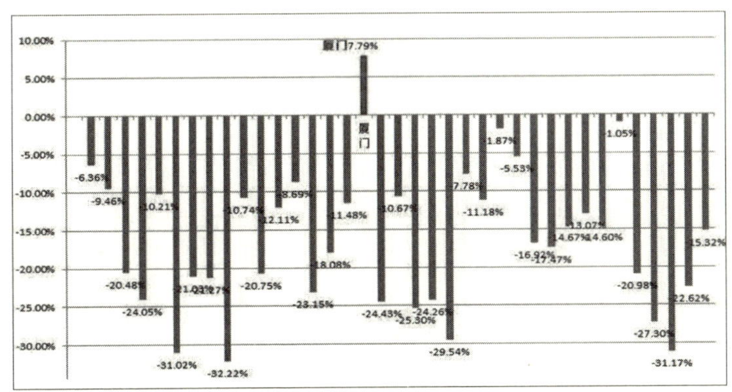

图4-2　厦门数据增长图

小伙伴们看到这张图片一定惊呆了，这是什么神奇的数据？

全国所有地区均是负增长，只有厦门区域保持了接近8%的正增长，究竟是什么使厦门可以傲视全国，把“北上广深”真正踩在脚下呢？

我们来看加上注释后的数据，如图4-3所示。

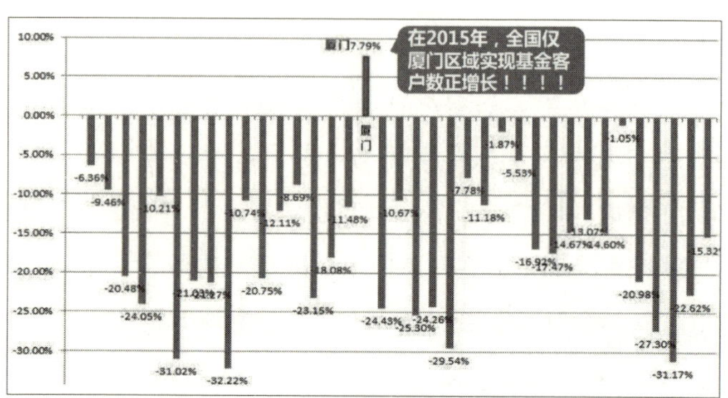

图4-3 2015年全国基金客户数变化图

这是2015年全国基金客户变化数！

只有厦门一个区域基金客户数实现正增长，全国其他区域均为负增长，这就是厦门真正创造的奇迹！

回想2015年的行情，真是波澜壮阔而又跌宕起伏！

在2015年的行情中，很多散户投资者被无情洗劫，基金客户数负增长是理所当然之事，而厦门为什么能够实现正增长呢？只要是从事金融行业的小伙伴们都知道，客户数是金融行业之本！只有客户数不断扩大，才能够实现销售。当客户数萎缩的时候，对零售业务而言，几乎是灭顶之灾，就相当于你的客户在不断流失，那么如何能够实现销售呢？

基金投资也必须遵守“交通规则”，才能实现客户正增长

众所周知，不遵守交通规则的司机，非死即伤的概率极高！遵守交通规则是安全抵达目的地的根本保障，而遵守信号灯更是必须遵守的首条交规！

同理，不遵守基金投资规则的人，亏钱的概率也是极高的。而基金投资的技巧和方法千条万条，最能决定投资者盈亏的首条“交通规则”是什么？对很多投资者而言，可能仁者见仁、智者见智！但是通过专业的数据分析和计算，决定一个基金投资者盈亏最根本的“交通规则”就是实现时间上均衡筹码进行投资，纵观16年来基金的投资数据，时间均衡分布才是基金投资的康庄大道，而众多所谓的秘方对广大散户而言都是飞蛾扑火！

自2001年开放式基金诞生以来至2016年的基金数据，以建行为例，如图4-4所示。

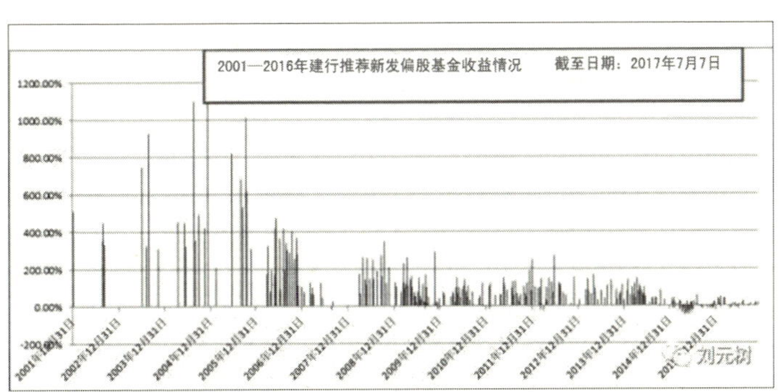

图4-4　2001—2016年建行推荐新基金净值收益图

由图4-4可见：

2001—2016年建行推荐新发偏股型基金389只，其中低于1元面值的基金数是69只，亏钱概率为17.73%；

截至2017年7月7日，389只基金平均复权累计净值1.9993元，也就是说，只要均衡等额按1元面值认购这389只基金，可获得平均99.93%的投资收益！

只要均衡认购389只基金，并持有到7月7日，平均占用时间2042天，可实现总回报率99.93%，单利年化回报率为17.86%、复利年化回报率为13%！

如果投资者能以更加理性的投资纪律来约束自己，比如，在以上389只基金样本中，坚持每个月就买一只基金。为便于操作，每个月就买入第一只结束发行的基金产品，则投资的样本大幅下降为129只基金产品，平均复权累计净值达2.5419元，用该方法投资比第一种方法在时间上更能均衡分布，而收益率也高达154.19%，较第一种全部买入的99.93%收益高了54.26个百分点！

如果投资者能实现每年以固定的预算金额买入以上建行推荐的基金，则收益率又可大幅度提升，如图4-5所示。

2001—2016年建行新发偏股基金收益情况表

年度	当年基金只数	单位净值	复权累计净值	平均运行天数	年化收益	复利年化收益	总收益
2001	1	1.1500	6.1290	5580	33.55%	13%	512.90%
2002	2	0.8367	4.4343	5340	23.48%	11%	343.43%
2003	6	1.5847	6.3846	4994	39.36%	15%	538.46%
2004	8	2.5697	7.9751	4634	54.95%	18%	697.51%
2005	7	2.3377	6.9857	3736	58.48%	21%	598.57%
2006	27	1.6361	3.4369	3909	22.75%	12%	243.69%
2007	9	1.0695	1.6202	3287	6.89%	6%	62.02%
2008	19	1.7212	2.5826	3235	17.86%	11%	158.26%
2009	56	1.4416	1.7433	2921	9.29%	7%	74.33%
2010	30	1.4498	1.6060	2520	8.78%	7%	60.60%
2011	32	1.5939	1.8321	2174	13.97%	11%	83.21%
2012	15	1.7903	2.1952	1833	23.81%	17%	119.52%
2013	20	1.5962	1.8197	1350	22.16%	18%	81.97%
2014	34	1.5078	1.5882	1081	19.86%	17%	58.82%
2015	74	0.9461	0.9435	744	-2.77%	-3%	-5.65%
2016	45	1.0733	1.0738	370	7.27%	7.26%	7.38%
均值	24	1.5190	3.2719	2982	27.81%	16%	227.19%
				截至日期	2017年6月30日		

图4-5　2001—2016年基金投资收益表（一）

每年以预算的固定金额进行基金投资，再将固定金额等额分布在当年的新发基金上，则2001—2016年的16个投资样本的投资收益将大幅度攀升，每年平均累计净值可达3.2719元，平均获利

227.19%。较第一、第二种投资方法平均收益分别高出了127.26个百分点和73个百分点。

此方法的难点在于：难以预测每年度基金的发行计划和发行只数，即使预算好了当年的投资金额，也难以将资金均衡分布到每只基金上，但可采用将预算金额除以12个月，计算出每月投资的金额，再确定每月预算投资基金的只数，比如，每月固定投资4只产品，就可以采用以上的投资策略。

投资者即使没有在市场最高点获利，但是只要将2001—2016年分散均衡买入的筹码持有至今，仍然可以获得平均超过205.25%的投资收益率，年化收益率仍可高达26.38%、复利年化收益率为15%！该投资收益也会大幅高于银行贷款的利率水平。因此，投资者要进行杠杆投资，也应该是放长期的杠杆，比如，在买房置业时，应尽可能加大按揭层数，以后每月缴纳的公积金可逐月还贷款，未来的现金流可按“分散播种、长期持有”的策略分散均衡投资基金，这样就可获得可观的杠杆收益！

2001—2016年基金投资收益表

年度	单位净值	复权累计净值	平均运行天数	年化收益率	复利年化收益率	总收益率
2001	1.0450	5.5694	5436	30.68%	12%	456.94%
2002	0.7935	4.2066	5196	22.53%	11%	320.66%
2003	1.5486	6.0253	4850	37.82%	14%	502.53%
2004	2.2492	7.1304	4490	49.84%	17%	613.04%
2005	2.1574	6.6102	3610	56.72%	21%	561.02%
2006	1.5582	3.1959	3765	21.29%	12%	219.59%
2007	0.9818	1.5154	3158	5.96%	5%	51.54%
2008	1.6720	2.4070	3091	16.61%	11%	140.70%
2009	1.3737	1.6316	2775	8.31%	7%	63.16%
2010	1.4419	1.5403	2376	8.30%	7%	54.03%
2011	1.5216	1.7580	2030	13.63%	11%	75.80%
2012	1.6960	2.0960	1689	23.69%	17%	109.60%
2013	1.5000	1.7048	1213	21.21%	17%	70.48%
2014	1.4461	1.5225	937	20.36%	18%	52.25%
2015	0.9042	0.9040	599	-5.85%	-6%	-9.60%
2016	1.0232	1.0232	224	2.69%	2.87%	2.32%
均值	1.4320	3.0525	2840	26.38%	15%	205.25%
			截至日期	2017年2月6日		

图4-6　2001—2016年基金投资收益表（二）

正是因为厦门建行产品经理刘元树十几年一直提倡的“分散播种，集中收获”的投资理念深入人心，所以厦门建行才能够实现客户数的正增长！

刘元树

“基金耀达人”全国总冠军
荣获福建省劳动模范、福建省“五一”劳动奖章
高级经济师、会计师、国际金融理财师

十多年来为国内基金公司、银行、证券、保险等公司举办近百场报告会；为复旦大学、厦门大学、集美大学等超过百家单位举办理财讲座。

图4-7　基金大师刘元树老师

全国银行行长组团来厦门学习

客户数是银行安身立命之本，没有客户数，就没有存款、没有业务、没有基金销售……

所以，四大行的总行行长曾经带领全国各省行长及个人金融部门领导到厦门专门去学习。

随着互联网金融、余额宝、微信支付等业务的发展，银行的传统业务将会受到越来越大的挑战；然而随着供给侧改革的推进，银行机构业务也面临着坏账率增加的巨大挑战；银行零售业务将承担起更为重要的责任。一些本来以机构业务为重的银行也纷纷开始转型，在零售条线发力，如兴业银行、浦发银行、平安银行等，甚至一些银行提出“机构业务投行化，传统业务电子化、银行业务零售化”，把零售业务提到了前所未有的高度！

而在零售业务中，基金业务又是最重要的，正所谓“得基金业务者，得个金天下也”。为什么招行一直能在零售个金业务中一枝独秀，其原因就是基金销售能力很强。而在基金业务中，基金客户数又是最重要的，只有实际基金客户数长久持续保持正增长，个人金融业务才能够进入良性循环阶段，这是目前所有银行个人金融业务面临的最大困难所在！

这也就是为什么厦门区域的基金客户数能在2015年依然保持正增长，并且是唯一保持正增长的区域。

厦门，房价的高涨，让老百姓很受伤；而基金客户数的增长，却实实在在让老百姓有所收获，这也算是对厦门房价暴涨的一种补偿吧！

二、基金定投也是“分散播种，集中收获”

1. 什么是基金定投业务

基金定投是定期定额投资基金的简称，是指在固定的时间（如每周五）以固定的金额（如500元）投资到指定的开放式基金中，类似于银行的零存整取方式。

基金定投（automatic investment plan）有懒人理财之称，缘于华尔街流传的一句话：要在市场中准确地踩点入市，比在空中接住一把飞刀更难。如果采取分批买入法，就克服了只选择一个时点买进或卖出的缺陷，分批买入可以均衡成本，使自己在投资中立于不败之地，即定投法。各家银行都在积极推广它。

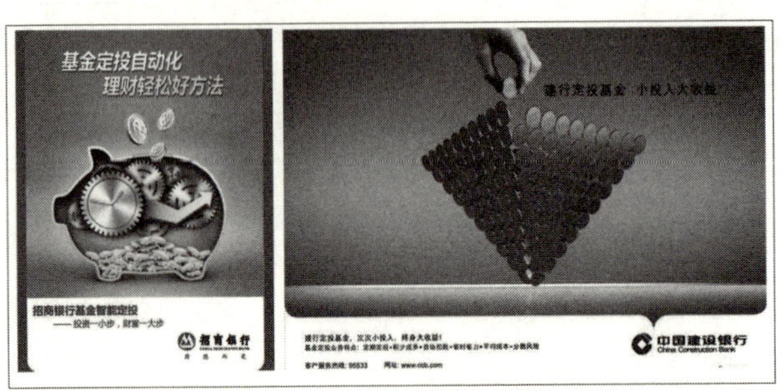

图4-8 基金定投宣传图

2. 基金定投的优点

（1）手续简单

定期定额投资基金只需投资者去基金代销机构办理一次性手续，此后每期的扣款申购均自动进行，一般以月为单位，但是也有以半月、季度等其他时间限期为定期单位的。相比而言，如果自己去购买基金，就需要投资者每次亲自到代销机构办理手续。因此，定期定额投资基金也被称为“懒人理财术”，充分体现了其便利的特点。

（2）省时省力

办理基金定投之后，代销机构会在每个固定的日期自动扣缴相应的资金用于申购基金，投资者只需确保银行卡内有足够的资金即可，省去了去银行或者其他代销机构办理的时间和精力。

（3）定期投资

投资者可能每隔一段时间都会有一些闲散资金，通过定期、定额基金投资计划进行的投资增值（亦有可能保值）可以“聚沙成丘”，在不知不觉中积攒了一笔不小的财富，其强有劲的后力支持就是当前越来越高速发展的中国经济。

（4）不用考虑时点

投资的要诀就是“低买高卖”，但却很少有人在投资时就能把握住最佳的买卖点进而获利，为避免这种人为的主观判断失误，投资者可通过“定投计划”来投资市场，不必在乎进场时点，不必在意市场价格，无须为其短期波动而改变长期投资决策。

（5）平均投资

资金是分期投入的，投资的成本有高有低，但长期平均下来仍是比较低的，所以这在最大限度上分散了投资风险。

（6）复利效果

“定投计划”收益为复利效应（即利滚利），本金所产生的利息加入本金继续衍生收益。随着时间的推移，复利效果就越明显。定投的复利效果需要较长时间才能充分展现，因此不宜因市场短线波动而随便终止。只要长线前景佳，市场短期下跌反而是累积更多单位数的时机，一旦市场反弹，长期累积的单位数就可以一次获利。

（7）门槛较低

各大银行以及证券公司都开通了基金定投业务。基金定投的门槛较低，一般起点都在几百元。

三、基金定投也是极致的客户投资体验

基金定投其实也是很好的客户投资体验，客户通过基金定投“分散播种，集中收获”，赚钱的概率还是很高的，并且客户的体

验会很好，和“余额宝”“苹果手机”等的体验是一样的。

1. 平等

在基金定投面前，人人平等！

你有几百元，可以做基金定投；你有几百万元，也可以做基金定投，而且，基金定投并不会因为客户投资的钱多就给你贴上标签，给你不一样的投资收益！

这种客户的体验其实是很重要的！

图4-9　定投客户漫画图

2016年12月债券市场调整，有一些客户在银行投资的一类理财产品出现了波动，于是就到银行咨询，某家银行客户经理竟然告诉客户，那是你投资的钱少了，所以风险比较高，如果你投资个几百万元或者上千万元，我们就会有风险更低并且收益更高的产品给你！

其实，这不是不可公开的秘密了。很多银行都有专门针对私人定制的理财产品，起点都有要求，收益更高而且风险还低，但是没有百万元基本是不用想的！

可是，在基金定投面前，人人平等，人人平均分享定投的收益，并不会因为你投资金额的多少而区别对待！

所以，从这点而言，基金定投和余额宝是一样的！

2. 简单

基金定投的投资相比其他投资几乎简单到极致了！

你只需要到银行开一个基金定投户即可开始投资，网银、手机银行皆可以办理，不用排队取号等。而且，现在很多银行根据客户的需要，推出了天、周、半个月、月等不同期限的定投服务，客户可以根据自己的需要及投资能力选择按周或者按月等进行投资！

几乎就是傻瓜操作，非常简单！

3. 省时省心

一旦开始做基金定投，就不用去操心市场的波动，只要按时投资，严守纪律即可！

而且，现在一些银行已经推出了“止盈点赎回”或者“分批赎回”的业务，客户可以根据自己的需要设置一个“止盈点”，比如10%，那么只要定投收益达到这个“止盈点”就会自动赎回，然后进入下一轮的播种收获期！

客户根本不用时刻关注市场，只需要每隔一段时间进去看看收获就好了！

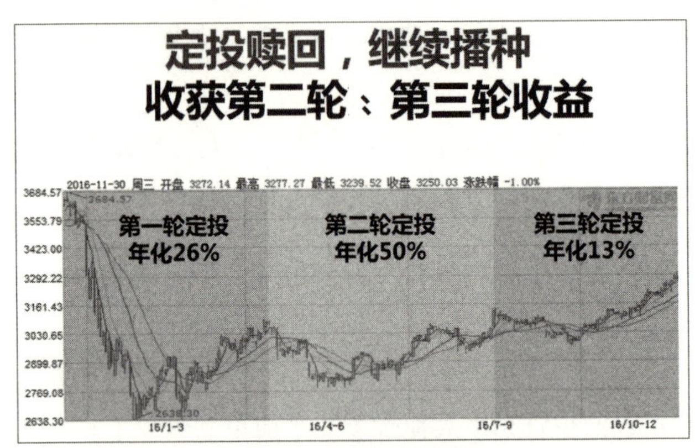

图4-10　定投收益图

定投真的是很省时、省心！

所以，对投资者而言，基金定投几乎就是一种极致的客户投资体验！

基金定投，客户的体验这么好，而且银行也很重视，可是为什么推不动呢？

第5章 基金定投业务推广的误区

一、为什么银行推不动基金定投

经过多年的推广，定投业务已经深入人心，而且很多理财经理和银行领导自己都有做定投，收益也不错。但是，他们为什么仍然不愿意向客户推广基金定投业务，或者说，推广基金定投业务的积极性不高呢？

这背后究竟是什么原因呢？

1. 银行推广定投业务的目的究竟是什么

在推广定投业务之前，我们不妨先问自己一个问题，尤其是理财经理——我们为什么要推广基金定投业务？

相信很多银行领导和理财经理都能说出一大堆理由，比如，“客户资产配置”“降低风险”“长期投资”“客户服务”“复利作用”……

这些都是对的，可是，我们再想一想，达到如上第一步的目标后，下一步的目标是什么？

很多人也许会不假思索地答道：“当然是留住客户！或者，更为直接一些，就是为了培养客户投资基金的习惯！”

这才是银行推广基金定投业务的根本目的所在！

基于此，反思我们以前的定投宣传和投资策略也许都是错的！

图5-1　定投投资习惯图

让我们先来看看银行推广基金定投业务时，存在着哪些误区。

二、推广基金定投的三大误区

误区一：基金定投为了中收

很多银行为了推广基金定投业务，对员工在考核奖励上都给予了很大的支持。我曾经了解到，某家银行为了推广基金定投，对身份证连续扣款3个月的定投新开户，每户能给50元的奖励，还有很高额的中收。然而，在这样诱人的条件下，新开定投户数并未见到大规模的增长，即使有一些增长，也是水分较多，基本扣完3个月后就停止了！

为什么会发生这样的情况呢？

其实，最初的误区就是推广基金定投业务是为了中收。我们都知道，即使是大额定投（现在银行普遍对大额定投的定义是：每个月定投金额超过1万元以上的，就算大额定投），连续扣款3个月，也才3万元而已，这样一个客户真正能为银行带来多少中收，其实是捉襟见肘的。所以，即便对理财经理的奖励再高，中收这样的诱人条件也不具备什么吸引力。

误区二：定投一定要投偏股型基金

这个话题颇具争议，然而对有争议的话题，我们还是需要了解一下。

几乎在所有银行，对定投有效户的考核都是看其是否投资偏股型基金。只有偏股型基金的定投户才能算有效户，才有奖励，如果是投资债券基金，则完全不算入考核！

其实，从投资角度而言，定投应该选择偏股型基金，因为这样定投的效果更为明显。多年来，我们在推荐基金定投的时候，也都是推荐偏股型基金。如果推荐债券基金，那么就显得你没有什么专业水平！

但为什么在这里我们也觉得它是个误区呢？

因为在实际的定投推荐中，理财经理所面临的挑战和困难要比我们想象中大得多，尤其是对很多才上岗工作经验不足的理财经理来说，很多客户经过熔断后，基本是不想听到基金这两个字的。别聊基金，再聊基金，友谊的小船说翻就翻了。

图5-2　基金营销漫画图

那么，我们就来聊聊定投吧！

这个话题客户似乎可以接受，而且对很多理财经理而言，也敢于聊定投！

那么，为什么可以适当投资一下债券基金呢？

因为，如我们上文分析，基金定投是极致的客户体验！

原来客户买基金的投资体验是很差的，通过基金定投曲线让客户再次投资基金。如果客户很难接受高风险的偏股型基金，那么不妨让他们投资一下风险相对比较低的债券基金。虽然其收益不高，但是相比偏股型基金，风险相对较低；相比理财产品，定投几个月的债券基金，收益应该不会太差。这个时候，客户有可能会重新接受基金。慢慢引导和培育客户，根据客户的需要再加配一些权益类资产，客户就可以重新接受，而且还可以培养新的理财经理的信心和经验！

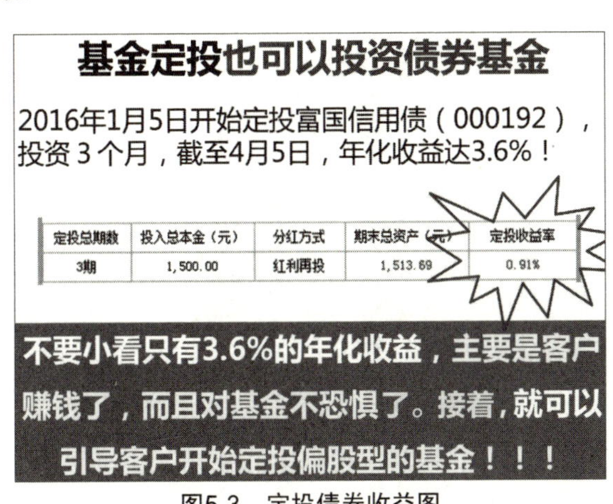

图5-3　定投债券收益图

但是，一定要记住，定投债券基金绝对不是长久之计，投资几个月后，有收益，就要开始引导客户转向偏股型基金，这才是定投的目的所在！

所以，对很难接受偏股型基金的客户和新的理财经理而言，定投时投资一下债券基金，也未尝不可！

误区三：基金定投需要长期投资①

我们以前讲基金定投，最喜欢做的事情就是收益测算。我们会算一下在过去10年中如果坚持做基金定投，今天收益会有多高，然后拿出一个定投计算器或者Excel表格，再把爱因斯坦拉出来大吼一声："复利是世界第八大奇迹啊"。按照年化率10%或者15%的收益，如果坚持定投10年、20年甚至更长的时间，那么等

① 陈曙亮《基金定投是投资体验》。

到你退休后，你就将成为百万或者千万富翁了！如果能做大额定投或者能在中途高点赎回，继续坚持定投下去，你都有机会成为亿万富翁甚至挤入福布斯富豪榜了！

图5-4　围裙妈妈定投图

我们以前讲定投，基本都是这个套路：相信定投只有长期坚持才有好的投资回报！

可是客户并不买账！

后来，终于明白了，我们这么讲，其实是错的！

银行推广基金定投的业务，是为了吸引客户投资基金，那么一开始我们就不能和客户说："基金定投要投资很久，要长期投资才有回报！"

你稍微想想，如果有人和你说："亲，去跑马拉松吧！跑马拉松对身体可好了，沿途风景很美，旁边观众热情如火，还有美女为你加油，最后还有奖励！"

你会去跑吗？我相信90%的人回答是否定的。大部分人会说："我知道跑马拉松对身体很好，你去跑，我还是在旁边当观众为你加油吧！"

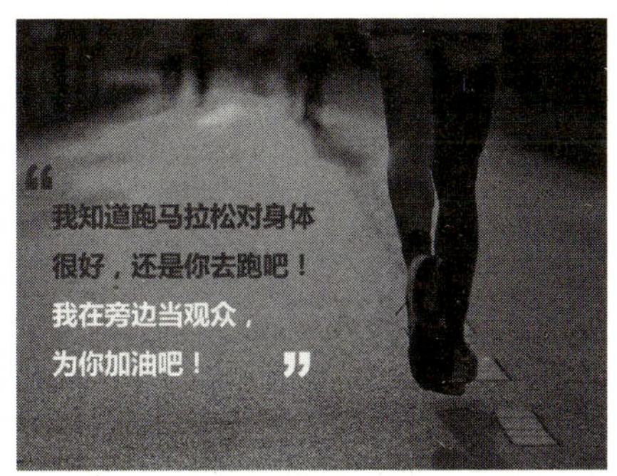

图5-5　马拉松

定投也是如此，一开始，你就让客户准备投资2～3年，甚至5～10年，客户基本扭头就走了。不用说客户，很多刚入行的理财经理听说定投要投资那么久，也私底下说：“2～3年后，我都不知道还在不在这家银行上班呢，到时候我的工资卡都没钱扣了，那怎么办！”

而如果我们换个说法和客户说：“你跑一圈400米试试看，感受一下跑步的感觉，而且，跑一圈后，我送给你一个小礼物！”

相信很多人在这个时候是愿意尝试的，反正就400米，那就试试看！

图5-6　短跑漫画图

基金定投能不能这样推广呢？

让客户参与400米跑步，先在跑道上跑一圈，感受一下跑步的感觉和微微出汗的体验！也许，客户就从跑400米开始，爱上跑步了！

所有的马拉松爱好者，不都是从100米、200米、300米、400米……开始跑的嘛！

基金定投，同样也是。要让客户在短时间内有赚钱的体验，从而对基金投资不再感到恐惧！而后，你才能推荐客户长期投资，才能吸引客户来投资更多的基金！

所以，基金定投就是客户体验！

要让客户有好的体验，并且有尝试的冲动，那就需要让客户在短时间内有赚钱的体验，我们可以做到吗？

三、理财经理不推荐基金定投业务的真正原因

正如前面所分析的，其实银行各种考核对理财经理推荐基金定投业务的奖励还是很高的，那为什么理财经理就是不愿意推荐定投业务呢？其根本原因究竟在哪里？

我们天天和理财经理接触，通过和理财经理沟通后终于明白了。

案例分析一

为什么我不愿意推荐定投

小红是某家银行基金销售的一姐。即使在熊市中，熔断过

后，对于偏股型基金，她依然保持了很高的销售纪录，单只偏股型基金都能卖到百万元以上。大家可能觉得上百万元没有什么，但是如果你是从业者，你就会了解在熔断过后，2016年1—3月，首发偏股型基金几乎都成立不了，即使是大品牌的基金公司，偏股型基金的实际销量大概就在1亿元，另外的1亿元，基本都要找机构帮忙。

在这种行情下，能卖出上百万元基金的理财经理，比那些牛市中卖上千万元和上亿元的理财经理要牛多了。那些牛市中卖出上亿元的理财经理，在这样的行情下，可能连10万元都卖不出去！

图5-7　强哥理财经理图

可是，就是这样一位优秀的理财经理，基金定投业务却做得很差。于是，我就向她了解，她平时是怎么推荐定投业务的。为什么能卖出那么多基金，而基金定投却推不动呢？

小红对我说："我平时推荐定投业务的时候，首先告诉客户什么是通货膨胀，未来的钱和现在的钱是不一样的，然后告诉客户需要为未来养老、教育等一大堆事情做准备。"

之后她拿出了桌子背后的基金转盘计算器，告诉客户："如果年化收益率是5%，投资多年后，有多少收益。"再换成年化收益率10%等，这样一步一步向客户讲解。

她说："要说服客户开个定投户，基本都需要花费半个小时的时间！而且，客户还听得似懂非懂，我觉得基本最后都是被我说蒙之后才开的户！你稍微想一想，我花半个小时，可能卖出100万元的新基金，而开个定投户能投资多少钱？同样是半个小时的时间，你觉得，我是该卖100万元的基金呢，还是说服客户开个定投户呢？"

图5-8　理财经理时间效率图

那一刻，我终于明白理财经理不推荐定投的最大原因是什么了，其实并不是不认同定投业务，而是他们没有时间推荐！

一位理财经理每天真正在和客户沟通交流的时间并不多，一样的时间投入，当然是挑产出比最高的业务做。定投与其考核等的产出比并不高，所以理财经理不是不愿意推荐定投，而是他们没有时间！

图5-9　理财经理的真实写照

这才是理财经理不推荐定投的真正原因所在！

那么，我们能不能让客户在短时间内接受定投呢？

案例分析二

一位理财经理每天的工作日志

银行理财经理看起来工作光鲜，在银行上班，办公环境不错，而且接触的客户很多都是有钱人，并且都是高学历、高智商的人才。可是，随着余额宝等的冲击，银行的工作压力越来越大，在过去的2016年中，甚至有银行的员工只领到了1.5元的年终奖。而根据人力资源服务商前程无忧提供的数据显示，2015年金融行业的辞职率为18.1%。

我们一起来看看一位银行理财经理的工作日志，感受一下在银行工作会有多忙。

（一）每天日常工作安排

表5-1　银行理财经理日常工作安排

时间	工作项目	内容
8：00	晨会	一般分为两部分：前15分钟是理财部自己的晨会，轮流主持，进行产品学习，总结销售卖点及话术，财经播报、财经新闻与我们现在销售的产品有什么样的关联性，昨日业绩冠军分享；后15分钟全行晨会，通报昨日全行业绩，理财经理向全行员工讲解行内重点销售产品，行长对各条线工作进行部署
8：30	财经时事学习	了解国内外经济、政治新闻，给客户发财经播报，一般我喜欢在和讯网、新浪财经或路透中文网收集新闻，然后以一句话一个新闻内容的形式发给客户，有几项是固定的，如昨日上证指数，黄金及原油的价格，其他再挑各大财经网站的头条新闻，一般在5条
9：00	客户资料准备工作	打开客户管理系统，一般这些维护可以分两类： ● 客户基本情况：每个客户可能都具备这些方面。查看哪个客户（客户的家人）过生日，一般钻石及私人银行级别客户，或其他潜力客户须帮客户定制鲜花或果篮；一般金葵花客户，发短信及打电话祝贺。当然也还有其他方面，能够促进跟客户感情联系的均可以去做。上面这些只是更普遍一些 ● 与客户资产相关：查看是否有客户产品到期，如若到期则进行通知及再销售。某个客户购买了万能险，给他发结算利率。客户账户大额异动联系，遇到重大市场变化及时通知客户，基金涨幅、跌幅一定比例联系客户。这方面以后应该越来越重要，毕竟客户到银行是为了获得金融资产的保值、增值服务，而非红酒、沙龙、生日礼物之类。后面这些作为维系感情联系的增值服务是有必要的，但不是客户关心的价值利益主体
9：30	电话邀约客户	每天至少给20个客户打电话。一般在上午11点左右、下午3点左右适合给陌生客户打电话。对于熟悉的客户一般比较了解他们的生活规律，针对每个人的情况联系即可，时间段限制较少
9：30—11：30	网点约见客户	一部分是之前通过电话邀约过来的客户；一部分是比较熟悉的客户，来银行他会很自然地跟你打个招呼，聊聊天，看看他的产品和账户

续表

时间	工作项目	内容
12：00—13：00	午饭时间	中午一般没有休息时间，有些银行会有自己的食堂，或者就近在小餐馆吃饭
13：00—14：00	准备工作	这段时间相对宽松一些，一般不会在这个时候和客户联系，所以趁着这段时间，赶紧整理一下上午的工作，熟悉产品，有时候中午会有一些电话会议等
14：00—17：00	拜访客户或电话邀约	上门拜访客户：一般在下午时间比较多的时候，事先与客户联系，介绍某只产品，上门进行营销；或是纯属拜访，拉近与客户之间的距离
17：00—17：30	整理工作日志	今日工作业绩，今日电话约访具体客户名单及联络内容，今日约见客户具体名单及内容；明日工作计划，计划联络客户名单
17：30—18：00	夕会	今日工作汇报，明日工作计划。对正在销售的产品进行分析及学习，利用情景演练训练话术

（二）除了日常工作以外，还有各种分支行的营销推动活动

分行每个阶段都会给理财经理重点营销的产品，零售部有分管保险、基金、三方存管、理财信托产品、黄金的各个产品的产品经理，一般一个重点产品的推动流程是：

首先，分行召开视频会议。比如，基金产品，基金公司渠道总监介绍产品及市场，零售部老总发动大家进行销售，为什么要销售这只基金，与兄弟行的对比及差距，我们一定要销售多少才可以超过兄弟行，拿到托管权，给整个分行全年带来多少业绩贡献。各个支行必须保证完成多少量，完成后如何奖励，完不成如何倒扣。在职一年以下的理财经理完成多少量，一年以上的理财经理完成多少量，完成后双倍计算考核，完不成倒扣多少。产品

经理介绍宏观经济情况，基金公司及基金经理对产品的卖点进行提炼，并跟踪产品销量，每天进行排名。

其次，支行接到重点产品销售任务后，分管零售行长先向理财经理传递分行的决心，继续研究产品的宏观经济情况，这个阶段是适合做这类产品的，分行不是在乱推产品，而是在全面考虑后做出决定，再请基金公司的渠道来做一场培训。零售部经理对支行内每一笔销售进行实时短信通知。行长督促理财经理进行产品销售，今天计划销售多少，预约了几个客户，客户什么时间过来，是否需要上门。明天是否有预约客户，大概有多少量。

最后，经过分行、支行的渗透，理财经理一般对产品都是很认可的，对产品认可了，销售也就变得容易了。在产品销售之前给所有客户发短信，通知客户将有一款好产品发行，对于目标客户则打电话通知产品预发的消息。在销售过程中要制造一种紧迫感，比如，产品马上募集完成，即将结束。但一定还是要跟客户讲清楚这是一款什么产品，投资在哪方面，这方面的未来市场前景如何，可能造成的最大损失及收益情况。

从分行到支行针对技能提升的培训非常多，人人通关讲定投、黄金培训，如何挖掘客户保险需求？同事之间经常利用夕会的时间练习保险销售话术，各家保险公司、基金公司的渠道挤破头来培训他们的产品，产品销售的培训无时无刻不在进行。

（三）客户活动安排与营销

银行的客户活动非常多，经常会针对性地组织客户活动，一般以支行为单位做的客户活动较多。客户活动是非常好的维护客户关系的方式，通过共同相处一段时间，拉近了彼此的距离。客户活动一般分为以下几种类型：

一是与保险公司等合作的沙龙活动，设计抽奖环节、银行理财知识讲座，保险理念及产品介绍。

二是与基金公司或证券公司合作，请专家过来讲宏观经济及A股市场，推荐基金产品。

三是类似少儿绘画大赛之类的主题类活动，选择一个目标小区，吸引小区家长带小孩过来参加，同时邀请客户一同参加。与专业绘画机构合作，他们协助你策划整个活动。以家庭为单位做月饼，培养孩子动手能力等。

四是邀请客户参加荔枝节，摘荔枝，吃农家乐。邀请客户度假泡温泉等。这类活动纯属维护客户，从头到尾不提产品。

图5-10　投资策略报告会

从上文的工作日志安排来看，在银行工作其实是很忙的，除了日常拜访客户等工作以外，还有大量的会议培训需要参加，而且很多培训和客户活动并不是安排在工作日，往往都是占用周末的时间。在银行工作，尤其是理财经理，基本每周都要工作6天，因为要趁着周末时间举办各种培训活动邀约客户过来参加。还有银行的合作方，比如，保险公司、基金公司、证券公司等，也都希望在周末安排一些类似投资策略报告会活动等。这种活动一般都要放在周末，除了外部的活动以外，银行内部也有很多培训活动。当一名好的理财经理并不容易，需要有各种资格证书才可以上岗，除了AFP/CFP等国际理财师证书以外，理财经理还有很多从业资格考试需要参加，比如，销售基金需要通过基金从业资格考试等，而且要求越来越严格。尤其在2015年股灾过后，对很多金融产品销售的合规性要求很严，现在很多银行都要求理财经理具备基金从业资格。如果在规定的时间内没有通过基金从业资格考试等，那么就要从理财经理转岗，甚至一些股份制银行会直接要求理财经理辞职！

所以，理财经理不仅仅是日常工作时间很忙，他们还要经常加班，并且还需要不断学习和充电！

第6章 定投“微笑曲线”的甜蜜陷阱

定投的“微笑曲线”似乎已经深入人心了，可是真正与客户沟通交流的时候，却很难看到客户面带微笑做定投，这是为什么呢？

每一次微笑曲线的收益率都是如此完美，为什么投资者就是不信呢？

我们一起来聊一聊定投“微笑曲线”背后的甜蜜陷阱！

一、为什么客户看到“微笑曲线”却哭了

很多银行理财经理就是用“微笑曲线”理论来推荐客户做定投的，可是，有一位客户看到了“微笑曲线”之后却哭了，这是为什么呢？

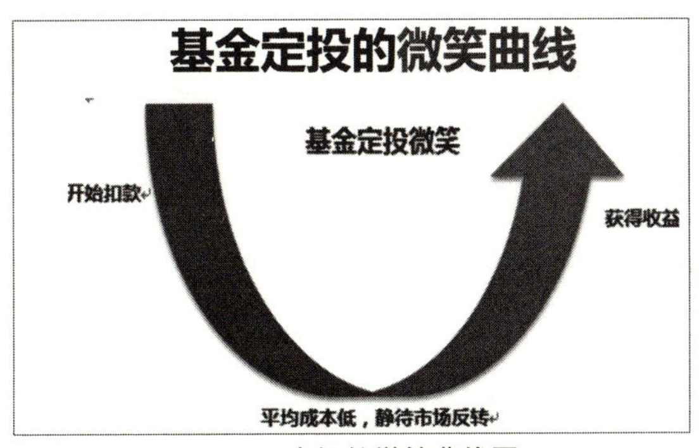

图6-1　定投的微笑曲线图

原来，这位客户在5000点才开始投资，那么如果按照“微笑曲线”理论，“微笑曲线”的另一头也需要是5000点才可以退出，才能赚钱，那要等到什么时候呀！

其实在这个时候，很多理财经理是无法回答客户的质疑和提问的。比如，最近市场下跌到3000点，但你只要拿出“微笑曲线”的定投示意图，基本上客户问的第一个问题就是：“我是5000点开始定投的，那我该怎么办？什么时候才能回到5000点以上呀？”

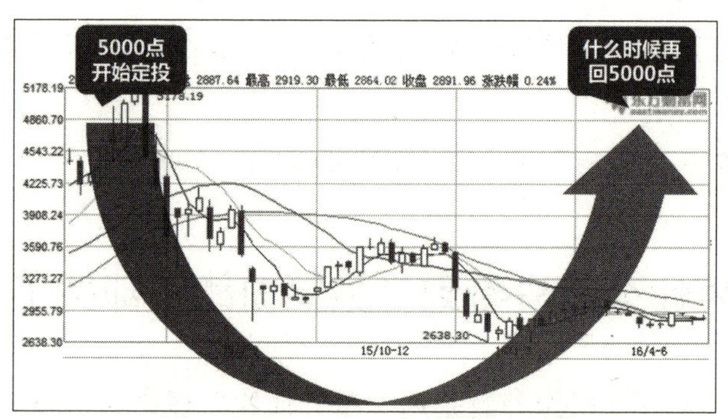

图6-2　客户5000点定投微笑曲线图

我们用数据画了很多微笑曲线，可是客户看了微笑曲线却“哭”着走了！

定投“微笑曲线”收益率是如此完美，为什么做定投却没有那么轻松呢？

二、定投“微笑曲线”的三大不足

其实，定投“微笑曲线”赚钱的理论是不够完善的，甚至存在误导，主要有如下三点不足。

1. “微笑曲线”假设了市场平稳波动

定投“微笑曲线”假设了市场波动平缓，即缓慢下跌，底部缓慢盘整，而后缓慢上涨。可是，我们知道市场尤其是中国的股市大部分是急涨急跌的，缓慢下跌和缓慢上涨的情况很少。

2. “微笑曲线”误导客户要两端平衡才能赚钱

定投“微笑曲线”误导客户，使其认为当曲线两端保持平衡时才能赚钱。很多客户想到自己在高点时定投，按照“微笑曲线”要回到原来的点位才能赚钱基本就绝望了，也就停止定投了！

我们很多微笑曲线其实都是事后画的，比如4000～5000点这部分目前没有办法画“微笑曲线”，那该怎么办呢？

把时间跨度扩大，把“微笑曲线”从2008年画到2015年，那么这样就更误导客户了，让其认为定投指数一定要回到原点，才能够赚钱。客户看到这样的微笑曲线基本上是绝望的！

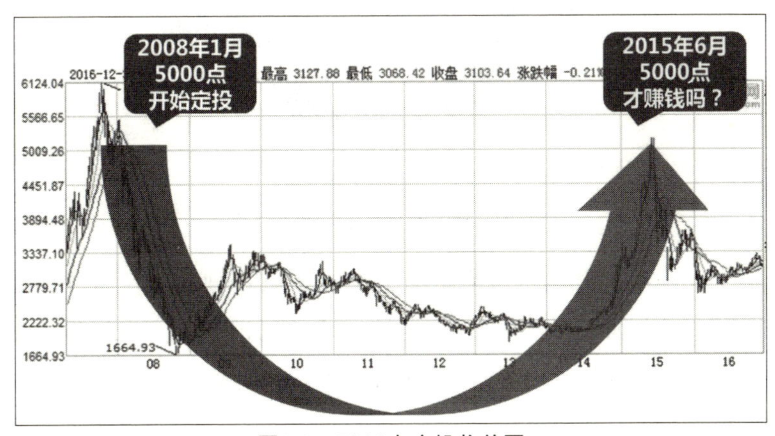

图6-3　5000点定投收益图

3. 既然是“微笑曲线”，那么再等一等，跌一点再买

很多理财经理在用“微笑曲线”推荐定投业务的时候，都会这么建议：“你现在3000点买入，如果市场下跌，然后再回到3000点，虽然指数没有变，但是你定投就会赚钱了！”

这个理论和推导其实是没有什么问题的，只要能坚持定投，一般都会赚钱。但在实际中客户会直接反问：“你既然觉得市场会下跌，那我为什么不再稍微等一等，等到了‘微笑曲线’的底部入场投资呢？那样指数再回到3000点的时候，我不就能赚更多钱了吗？”

很多理财经理面对这样的问题时，就又无法回答客户了，自然定投就很难推荐了！

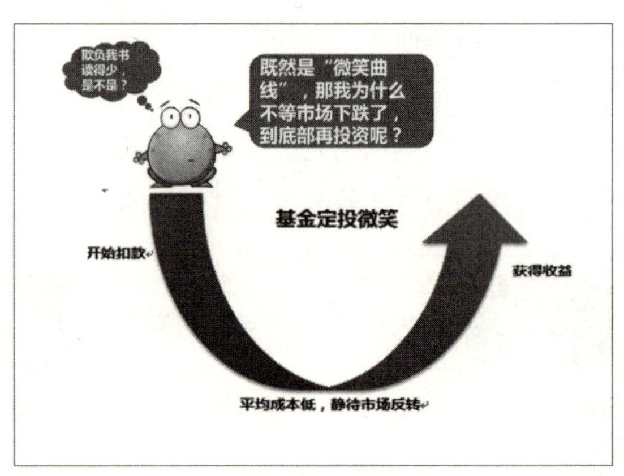

图6-4 客户体验“微笑曲线”图

如上分析，其实“微笑曲线”是存在着很多问题的。而且，在实际操作中，通过“微笑曲线”营销客户定投开户的，效果都很差！

“微笑曲线”最大的问题就在于没有解释清楚定投究竟是在什么时候赚钱的。

而告诉客户，一定要保持两端平衡才能赚钱，其实是错误的！

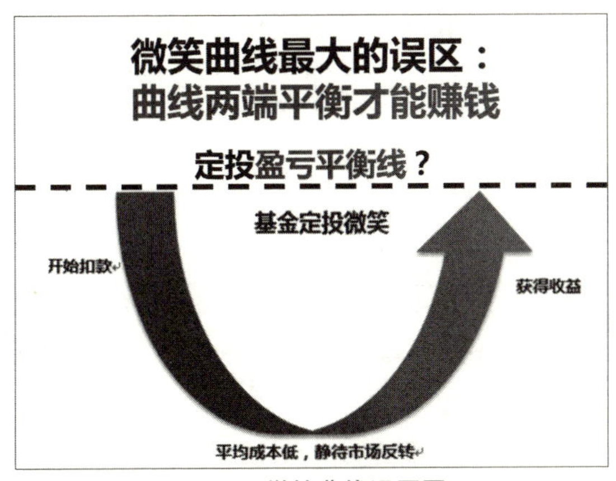

图6-5　微笑曲线误区图

定投究竟是什么时候开始赚钱的呢？

相信很多人都没有仔细考虑过这个问题。

然而为什么我们需要对这个问题进行深入的探讨呢？

其实，非常简单！

正如牛熊市的转换一样，让大家都很幸福！

同样定投开始赚钱时的那个点，是客户体验最好的时候！

我们来看如下分析，6000点开始定投的客户，在什么时候赚钱的？

看到这个数据，很多客户都震撼了。6000点已经被誉为“珠穆朗玛峰”了，但是，很多6000点开始投资的客户，却在5500点绝对收益率就达到了12.55%，而且在3个月的时间内，年化率就超过了50%！

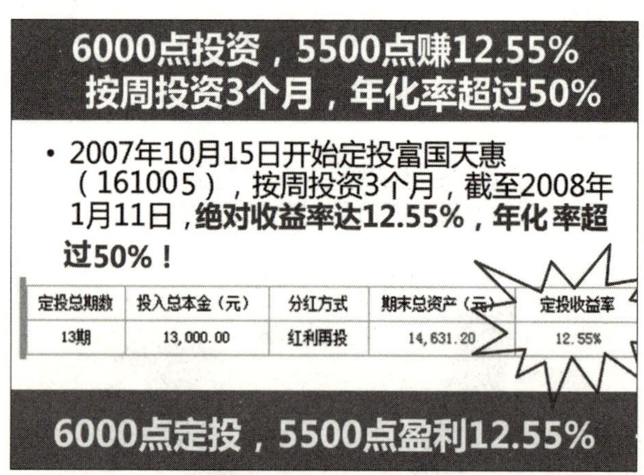

图6-6　6000点定投图

这不是偶然，我们再来看看，5000点开始定投的客户，是什么时候开始赚钱的。

5000点开始定投的客户竟然在3600点就赚到了12%，年化率超过25%！

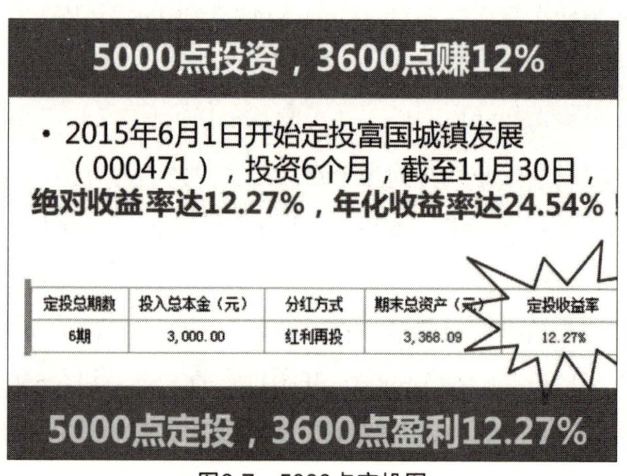

图6-7　5000点定投图

相信这个数据颠覆了很多人的“三观”。原来不用“微笑曲线”，定投在下跌的市场行情中依旧可以赚到钱，这是为什么呢？

这就是定投的奥秘所在，原来定投不是在“微笑曲线”时开始赚钱的，而是在“金钩曲线”时就开始赚钱了！

第7章 定投的“金钩曲线”

一、什么是定投的“金钩曲线”

所谓“金钩曲线”就是指市场走势呈“左高右低”的状态，类似中国传统的如意金钩，故名为“金钩曲线”，如图7-1所示。2016年上证指数从5000点下跌至年底的3600点，这就是一条典型的“金钩曲线”。

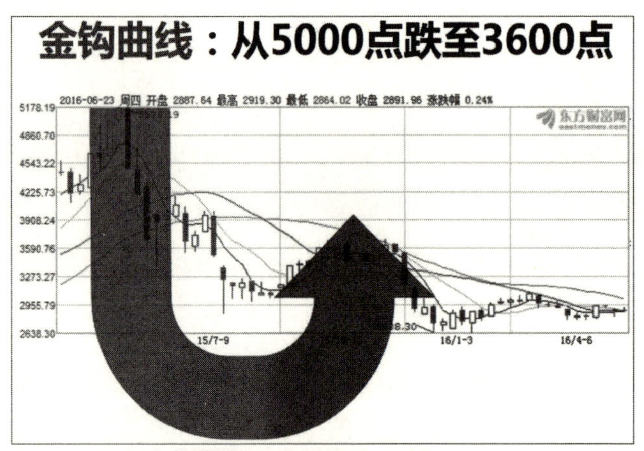

图7-1 金钩曲线投资图

我们把图形画得更为形象一些吧，如图7-2所示。

中国A股市场大部分时候的走势图就像中国传统的“如意金

钩”一样：“高处不胜寒”，而后一路狂跌，底部盘整，最后弱势反弹！

那么，在这样的“金钩曲线”走势行情中，定投能不能赚到钱呢？我们来看两个案例分析。

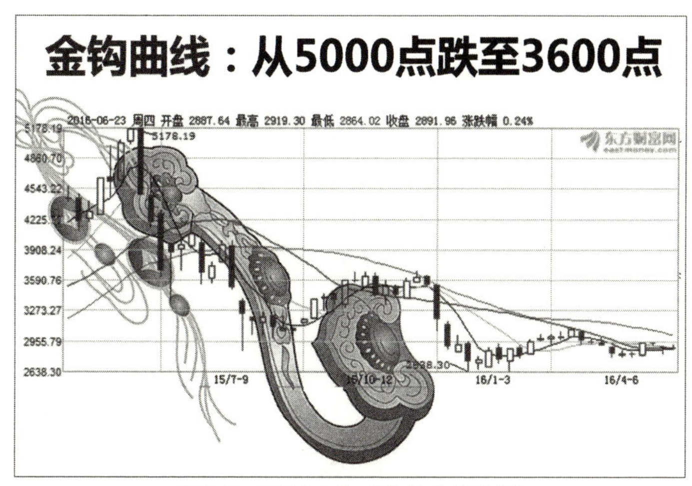

图7-2　5000点的“金钩曲线”图

案例分析一

5000点定投，3600点赚钱

5000点开始按月定投富国城镇发展基金（000471），定投6个月，盈利率为12%，年化率为25%。

2015年6月1日开始定投富国城镇发展基金（000471），500元/月，投资6个月，截至11月30日，绝对收益率达12.27%，年化率达24.54%。

表7-1　5000点定投收益分析表

定投总期数	投入总本金（元）	分红方式	期末总资产（元）	定投收益率
6期	3.000.00	红利再投	3.368.09	12.27%

（数据来源：东方财富网）

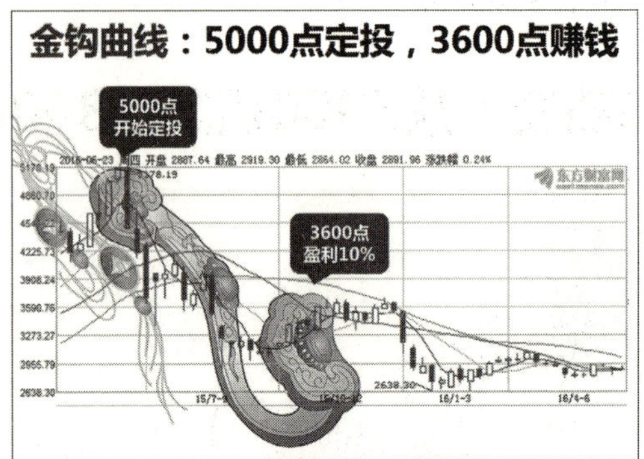

图7-3　5000点定投收益图

案例分析二

3600点定投，3000点赚钱

熔点前3600点开始按周定投富国城镇发展基金（000471），定投3.5个月，盈利率近7%，年化率40%!

2016年1月4日开始定投富国城镇发展基金（000471），500元/周，投资3.5个月，截至4月15日，绝对收益率接近7%，年化率40%!

表7-2　3600点定投收益分析表

定投总期数	投入总本金（元）	分红方式	期末总资产（元）	定投收益率
14期	7.000.00	红利再投	7.468.78	6.70%

（数据来源：东方财富网）

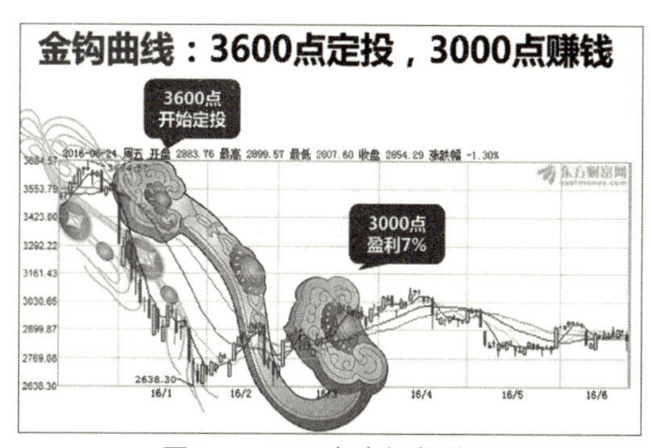

图7-4　3600点定投收益图

二、为什么定投在“金钩曲线”盈利

很多客户和理财经理都想不明白，为什么高点定投，在低点能够盈利？

其实，这便是定投的奥秘所在！

因为定投强制投资，“美好的时光”都是短暂的。比如，在过去10年中，牛市仅有16个月而已。如果能坚持定投，大部分时候，你都是买在低点的位置！

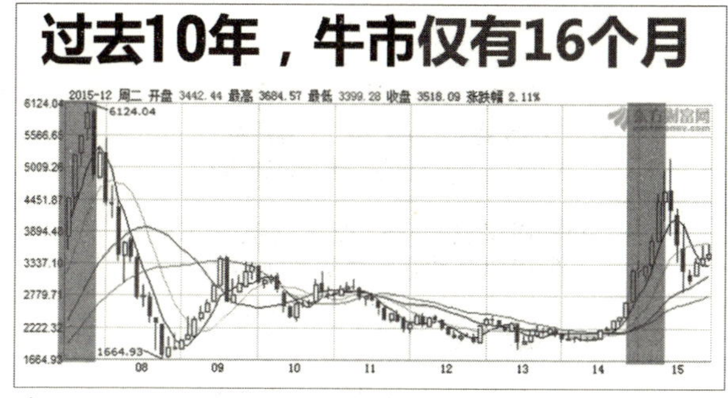

图7-5　10年牛市分析图

而在低点购买有什么好处呢？我们来看看如下的“苹果案例”，在低点购买可以摊薄成本。

案例分析三

红苹果的价格是1元/个，小明买了1000元；而后红苹果的价格跌到0.5元/个，小明又买了1000元。请问，小明所买的红苹果平均价格是多少？

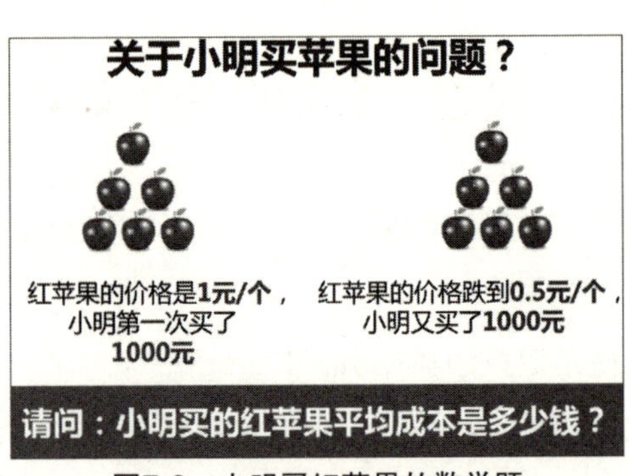

图7-6　小明买红苹果的数学题

这是一道小学算术题，可是90%的同学会算错！

答案是0.67元，而不是0.75元！

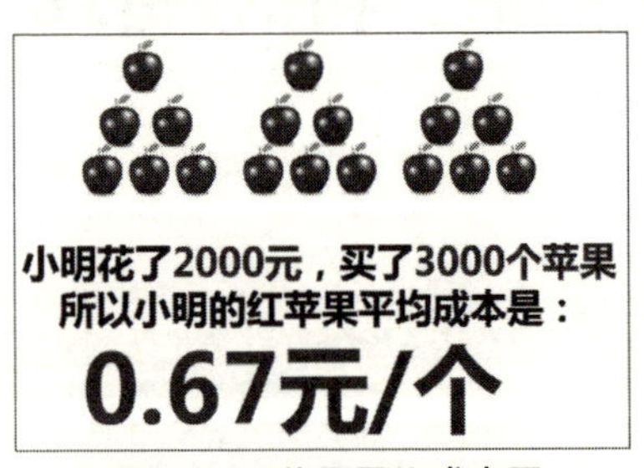

图7-7　红苹果平均成本图

如果把红苹果换成基金，客户就想明白了：为什么需要低点加仓，因为低点加仓，成本会低到超出客户的想象！

低点加仓，基金回本更快

- 客户投入1000元，基金净值1元；而后，基金净值下跌到0.5元，客户再投入1000元，请问基金净值回到多少钱，客户可以保本，开始盈利？
- 客户总投入2000元，共持有基金份额：1000/1 + 1000/0.5 = 3000份，所以，客户平均持有成本是2000/3000≈**0.67**元
- 所以，基金净值只需要**回到0.67元**，客户即可保本，开始盈利！

图7-8　基金解套分析图

虽然高点建仓，但大部分时候你都是买在低点，摊薄了定投成本，市场只要稍微有所反弹，定投便很容易盈利，这也是定投“金钩曲线”赚钱的奥秘所在！

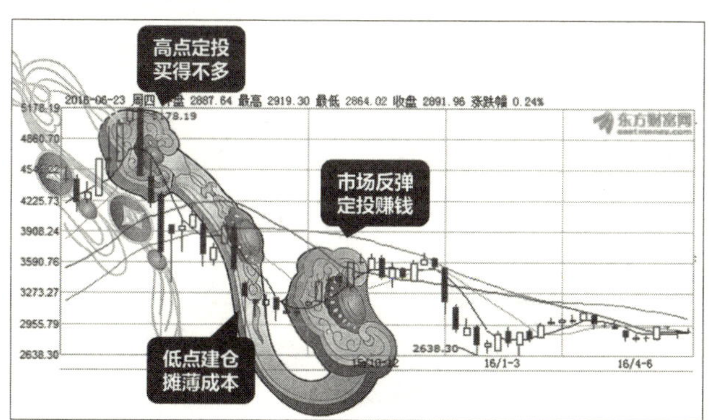

图7-9　“金钩曲线”赚钱的奥秘

三、定投“金钩曲线”的意义所在

如上分析，其实我们能看出来，定投不是在“微笑曲线”时赚

钱的，而是在“金钩曲线”时赚钱的！

当我们明白定投“金钩曲线”赚钱的奥秘之后，亲爱的朋友们，大胆去定投、去尝试投资吧！遵循了“金钩曲线”的赚钱逻辑，即使在高点建仓，也不用担心，因为大部分时候高点都是短暂的；市场越下跌越要坚持投资，因为低点建仓可以摊薄成本；只要市场一有所反弹，定投就能赚钱！

5000点定投，3600点赚钱；3600点定投，3000点赚钱！

2016年市场是3000点，就算市场跌到2500点，只要坚持定投，我们很有信心在市场反弹到2700点时就可以让客户盈利赎回！

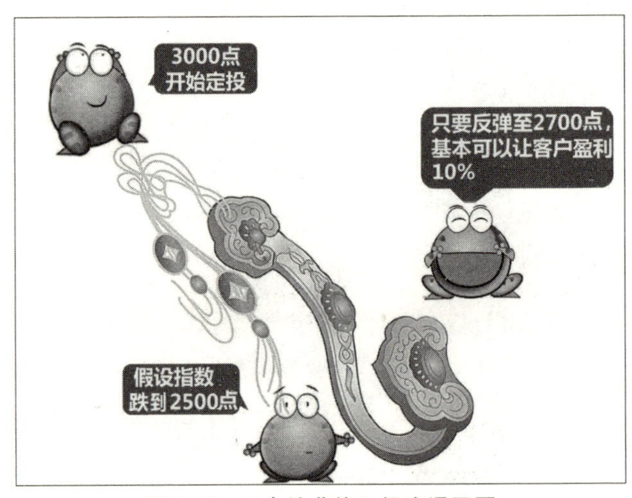

图7-10 “金钩曲线”投资漫画图

6%～8%：客户投资的“黄金盈利点”

一、我要让客户在完美的收益率赎回

案例分析一

“当时都已经赚到钱了，可是，我真的想让客户多赚一些，结果本来赚了50%以上，到最后，又都被套在里面了！”理财经理小王和我如是说。

其实，我们又何尝不是如此呢！

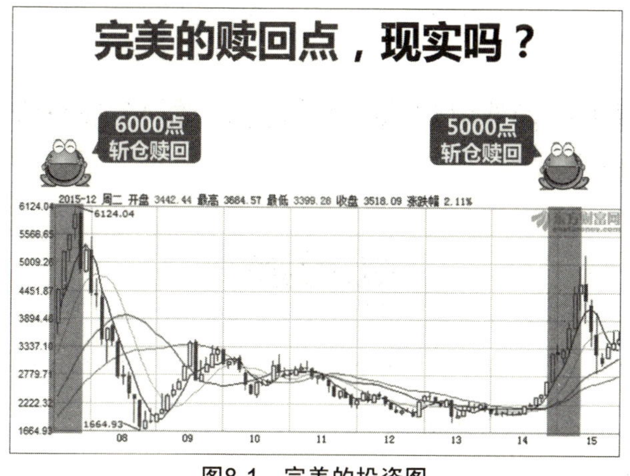

图8-1　完美的投资图

曾经，我们一直在追求完美的收益率，在市场低迷的时候，我们告诉自己、告诉客户，只要有10%的收益就立刻赎回，可是等涨到10%了，我们却告诉自己再等等，到20%的收益时一定赎回……

然后突破30%，40%，50%……

最后，跌了下来，终成竹篮打水一场空。

这样客户体验当然是很不好的，对于我们自己也是如此，人性的弱点大家都很难避免，我们总想为客户多赚一些，到一个完美的收益率再帮助客户赎回，最好赎回之后市场立刻大跌，这样我们就能帮助客户完美地躲过市场的调整，而后，我们在客户心目中的形象自然会变得无比高大！

可是，事实却总是相反的，我们最初的想法和最后的结果相差很多！

那么，既然我们没有这个能力让客户在最高点的时候赎回，那我们又该怎么办呢？我们该如何提高客户投资的满意度呢？

二、客户亏损可能体验不好，客户赚钱体验就一定好吗

案例分析二

“我的客户已经赚了不少钱了，可是，似乎他的感觉并不好！”

“这是为什么呢？赚钱了还不开心？”

“不！客户觉得他赚少了，这只产品只涨了60%，而他看到有

其他产品涨了100%，他的心理立刻失去了平衡！”

“啊！赚钱了也不开心呀？”

“是的！似乎，他的体验并不是太好！”

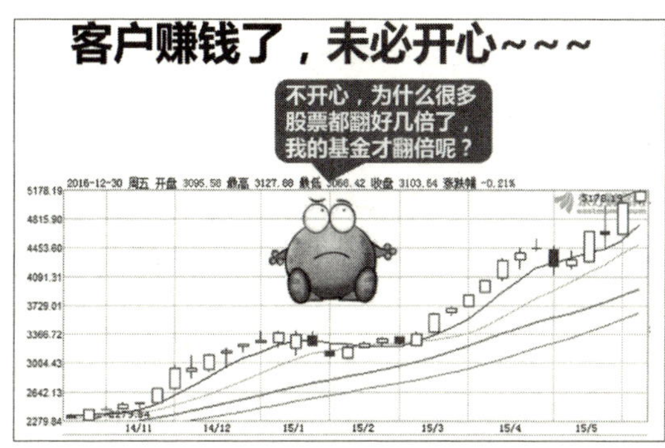

图8-2　客户赚钱体验图

很多时候，我们总以为客户体验不好，是因为客户投资亏了钱，其实未必！

很多理财经理告诉我们：“基金涨得越多，客户就越会觉得是市场的原因，是他当时做出了正确的判断，而且越涨，客户越有攀比的心理，越嫌自己的产品涨得不好，反而体验更不好！”

稍微想想，确实如此！

在2015年的牛市中，很多基金的净值翻倍了，可是有几个客户的体验是好的？客户基本都嫌基金涨得太慢了，基金涨了，那是应该的，牛市来了嘛！不涨那才奇怪呢，而且涨了也不是理财经理推荐和基金经理投资的功劳，那是因为市场涨了，全市场都涨。这时候基金涨了是理所当然的！

但基金涨得太慢了！

在牛市中，随便一只股票都能翻个好几倍，甚至10倍的也有，而基金最多也就涨100%而已，简直是“垃圾中的战斗机”，如果客户自己做融资融券等加杠杆的，那收益就更好了。相比之下，基金的涨幅和赚钱效应简直就是蜗牛爬行的速度！

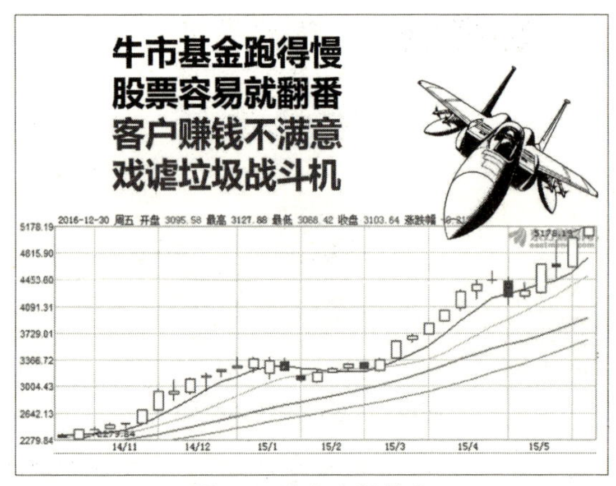

图8-3　牛市中的基金

所以我们看到，基金虽然涨了，其实，客户的体验未必是好的！

亏钱，客户体验不好；

赚钱，客户体验也不好！

那我们该怎么办呢？

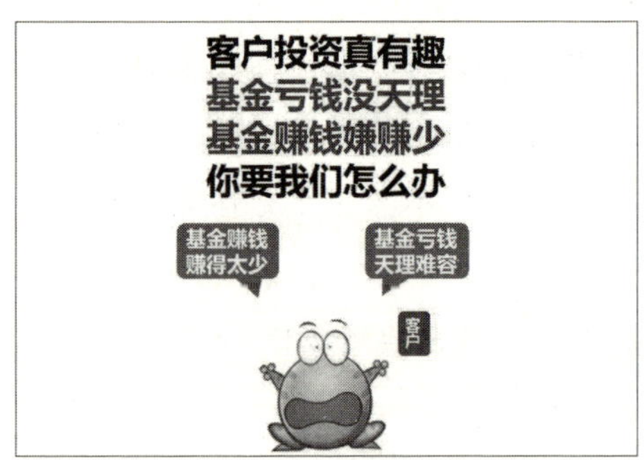

图8-4　客户投资基金体验图

难道没有一个“黄金收益率”的盈利点，既可以让客户满意，同时也能提升理财经理和基金经理在客户心目中的专业性形象吗？

有没有？

其实是有的！

我们在接触很多资深的理财经理后发现，其实很多优秀的理财经理都能够根据客户的风险偏好及背景等帮助客户管理盈利预期，不能给客户太高的盈利期望，因为高收益必然意味着高风险，任何年化率超过10%的盈利预期都是要承受更高的风险和不确定性的。同时，在盈利进入客户的盈利预期区间后，就开始通知客户准备止盈赎回，一般盈利率达到6%～8%的时候，就开始通知客户要赎回了！

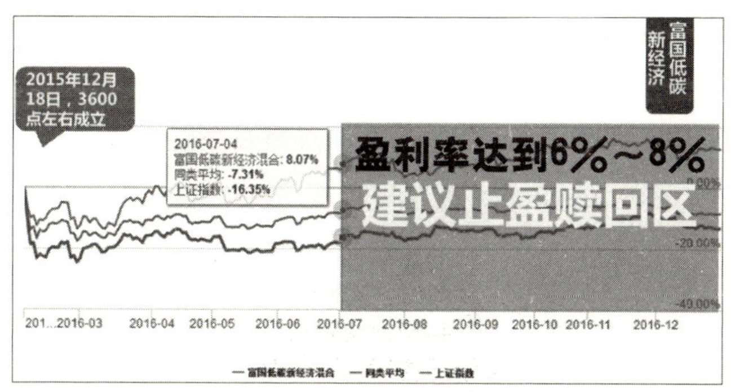

图8-5 止盈赎回区间

而且，这个时候赎回，客户都会感激理财经理，觉得是理财经理比较专业，才帮助他们赚到了钱！

为什么收益率只有6%～8%时，客户的体验是最好的呢？

6%～8%的收益率便是传说中的“黄金盈利点”吗？

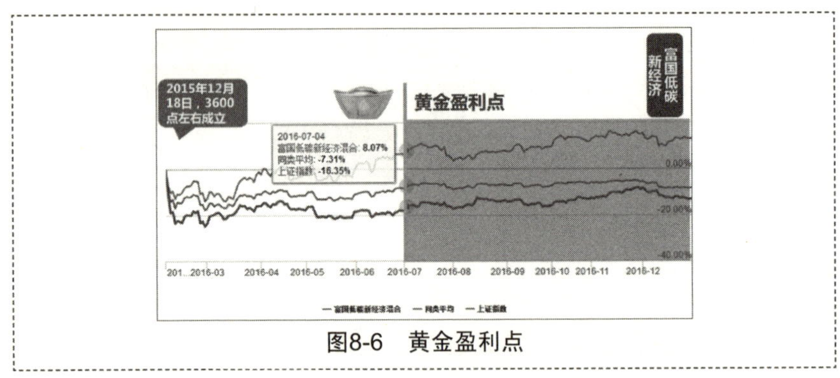

图8-6　黄金盈利点

三、在达到6%～8%之前，谁知道客户经历了什么

为什么在第一次达到6%～8%的收益率时就让客户赎回，客户的体验度是最好的呢，而且是最容易提升理财经理在客户心目中的专业形象呢？

那我们就需要分析一下，客户在买完基金后，第一次绝对收益率达到6%～8%之前，市场发生了什么，客户经历了什么？

图8-7　客户熊市投资体验图

案例分析一

经过多年亏损后，终于有了收益

很多客户在2015年前买的新基金，基本都是亏损，没有浮出过水面（就是基金净值超过1.00元）。相信很多资深的理财经理都经历过这个阶段，其实和现在很多在2015年抢购新基金的客户是一样的，买进去之后，直接亏损被套，并且回本看起来遥遥无期！

这个阶段其实是非常痛苦的，很多客户甚至不再看基金、不再关注市场了，只是偶尔看一下市场是否有亏损。其实大部分的客户在没有做出继续补仓的动作前就来理财经理这边抱怨，接下来该怎么办？

一般理财经理给的建议就是“继续持有，等待牛市”，或者对投资者进行情绪安抚，帮助其转换到另外一只跌得比较少、看起来业绩还不错的基金上，但是即使转换过去，也是亏损转换的，只能期望转换过去的新基金在未来的业绩中能够好一些而已！

而后，经过一段时间，市场终于回暖了，基金的业绩也开始回升了，在临近1.00元的时候，其实客户是很纠结的，是要赎回还是再持有一会儿？因为担心如果不赎回，万一市场又跌下去，那么不知道又要被套多久，而如果这个时候赎回，客户又有一点不太甘心，毕竟持有那么久却一点钱都没有赚，不仅浪费了时间，而且从通货膨胀角度而言，即使本金没有亏损，利息也是亏的！

图8-8 套牢客户投资体验图

在这个关键的时候，理财经理就要开始持续跟进了，一般应该建议客户继续持有，因为你让客户在1.00元赎回，和让他亏钱赎回，其实对你的印象是一样差的，并且从此以后，他绝对不会再找你买产品了！

所以，当经过长时间亏损，基金净值回到1.00元的时候，我们都应该安抚和建议客户继续持有，反正你已经亏损那么久，为什么不再多放一会儿，说不定很快就有收益了！

而后的事实表明，往往就是如此！

当市场继续回暖，基金净值第一次达到6%～8%的收益，这个时候就可以建议客户赎回了！

因为，在经过长时间的亏损，客户赎回之后还能略有盈余，大部分客户是很开心的，他们本来都已经不指望赚钱了，只希望能亏的相对少一些而已。而你让他们在达到6%～8%的收益时赎回，客户是很感激你的，因为很多客户本来都是想在1.00元就赎回的，可是正因为你的建议和坚持，他们才会有6%～8%的收益，这个时候的客户体验度是极高的。而且赎回后他们还会再来买基金，因为他们赚钱了，并且投资体验还是不错的，虽然投资过程有波折，但结果还是好的！

很多朋友问，如果再涨一些后让他们赎回呢？

那就回到上文的分析了，客户体验度反而会不断下降！

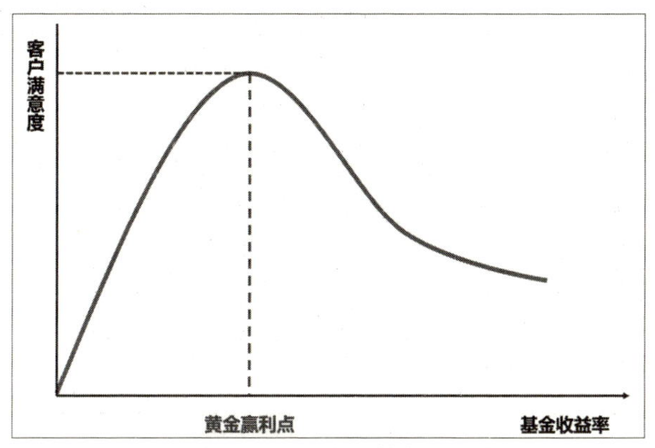

图8-9 客户投资满意度和基金收益率关系图

所以，在案例分析一中我们发现，经过长时间亏损的客户，最后能有6%～8%的收益，已经远远超出了他们的预期了。因此，这时他们的投资体验是很好的，而且在他们心目中，这个时候理财经理的专业形象也是最高大的！

案例分析二

买入新基金后，就有了收益

在2016年初熔断之后，当时偏股型基金是很难销售的，理财经理基本是连蒙带骗让客户投资基金的，而往往基金销售最艰难的时候，基金赚钱的概率都很高。果不其然，在2016年上半年首发的偏股型基金几乎都是盈利的，是远远超过客户的预期的，因为2016年的市场表现并不好，基金能够盈利在很多客户看来是很不可思议的！

2016年建行推荐偏股型主动基金净值表

序号	基金代码	基金简称	单位净值(元)	累计净值(元)	成立日期	运行时间(天)	年化收益(基金运行三年以上	年化收益(复利计算)
1	2159	东吴国企改革	1.0700	1.0700	2016年1月4日	318	8.03%	8%
2	519196	万家蓝筹	1.1838	1.1838	2016年1月26日	296	22.66%	23%
3	2152	华宝核心	1.0470	1.0470	2016年1月18日	304	5.64%	6%
4	1223	鹏华文体	1.1200	1.1200	2016年1月27日	295	14.85%	15%
5	1781	建信现代服务	1.0510	1.0510	2016年1月29日	293	6.35%	6%
6	2305	光大风格	1.1950	1.1950	2016年2月3日	289	24.63%	25%
7	1645	国泰大健康	1.2910	1.2910	2016年2月3日	289	36.75%	38%
8	2230	华夏大中华	1.2720	1.2720	2016年1月20日	302	32.87%	34%
9	1694	华安外延	1.3300	1.3300	2016年3月4日	258	46.69%	50%
10	1827	富国研究优选	1.1140	1.1140	2016年3月3日	259	16.07%	16%
11	2272	新华科技	1.0120	1.0120	2016年3月8日	254	1.72%	2%
12	1975	景顺环保	1.2230	1.2230	2016年3月11日	251	32.43%	34%
13	519642	银河智造	1.0500	1.0500	2016年3月4日	258	7.07%	7%
14	1983	中邮低碳	1.0300	1.0300	2016年4月22日	210	5.21%	5%
		平均净值	1.1421	1.1421		277	18.6%	19.3%

截止日期： 2016年11月22日

数据来源：中国建设银行厦门分析

图8-10　2016年建行首发重点基金盈利图

而且，往往在新基金盈利的时候年化收益率也是很可观的。2016年上半年成立的新基金的年化收益率基本都超过了20%～30%，这个时候让客户赎回，客户的投资体验也很好！

很多客户在这样的行情下买新基金，往往是持有怀疑态度的，甚至抱有再被多套几年的心理准备的，只是碍于理财经理的情面就买一些试试看，没有想到真的赚钱了，已经远远超越了他们的预期。这个时候赎回，客户投资体验自然是很好的，而且理财经理的专业形象也极佳！

所以，我们通过场景一和场景二的分析可以看出，当基金盈利率达到6%～8%的时候，客户的投资体验和满意度是最好的，而且对理财经理的印象和对其专业性的信任度也是最高的！

图8-11　客户投资盈利体验图

四、6%～8%的收益率，这便是传说中的“黄金盈利点”

很多优秀的理财经理都能够根据客户的风险偏好及背景等帮助客户管理盈利预期，不能给客户太高的盈利期望，因为高收益必然意味着高风险，任何年化率超过10%的盈利预期都是要承受更高的风险和不确定性的。同时，盈利达到客户的预期区间后，就需要通知客户准备止盈赎回了！

图8-12　投资超人图

因为在现实中，很多客户赚得越多就越盲目自信，觉得是自己做了英明的决定，和理财经理的推荐基本没有什么关系；可是，如果自己亏损了，又会反过头来把所有责任都推给理财经理！

所以，如何管理客户盈利的预期，其实是非常重要的！

尤其在中国资本市场，牛短熊长，更多的时候都是震荡市！而在震荡市中，我们最能看出基金经理的投资能力和专业性。比如，在2016年，很多散户投资者都是亏损的，但是很多基金却都是赚钱的，这是为什么呢？

因为基金公司是做专业投资的，其所享有的信息资源、专业分析工具等都是散户所无法比拟的。而在牛市中，很多散户或一些私募产品都是加杠杆，所以，对比普通的公募基金，这个时候自然觉得基金涨得不快，可是如果把时间拉长，尤其历经一轮完整的牛熊市后，公募基金往往赚得更多，这个时候才能更体现出基金的优越性！

尤其在震荡市中，基金经理相比散户的更为专业的选股能力以及投资能力就体现出来了，所以，在震荡市中，基金的表现往往会更好！

但在震荡市中，客户期望有50%甚至100%的收益率，这是很难达到的，为什么我们都建议在6%～8%的收益率时赎回呢？主要有如下两点原因：

一是既然是震荡市，那么从技术角度而言，上证指数基本就是在20%左右的区间的箱体内震荡，因为如果超过20%的幅度，从技术角度而言，就是牛熊市的转换了，而指数在±10%的区间内的箱体震荡，对大部分的基金而言，实现6%～8%的收益概率还是比较高的。

二是很多客户都拿这个收益与银行的理财产品和定期存款等作对比，在市场不景气的时候，客户往往只期望能略高于银行理财产品收益率的3%～4%就很不错了，非常明显，6%～8%的收益率已经超越了大部分客户的预期，自然客户投资体验很好！

所以，6%～8%的收益率，便是传说中的“黄金盈利点”！

第9章 坚持定投6个月，年化10%不是梦

一、房地产投资真的高于股市投资的回报率吗

当你和客户沟通交流的时候，很多客户都会抱怨：“我买的基金都是亏损的，还是投资房地产赚钱。”

为什么大部分的客户投资都是亏钱呢？

难道房地产的投资回报率就一定高于股市吗？

其实不然，我们先来看看，过去10年中，从2005年1月到2016年5月的数据。以全国房价最高的上海房地产市场作比较，如果你同时投资上海的房地产和股市，那么截至2016年5月，股市的收益远比投资房地产要好，可是为什么客户都觉得投资房地产赚钱，而投资股市亏钱呢？如图9-5。

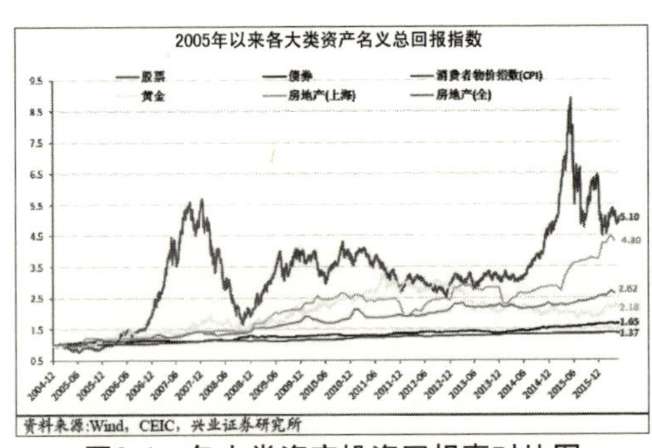

资料来源:Wind，CEIC，兴业证券研究所

图9-1　各大类资产投资回报率对比图

客户之所以感觉投资房地产赚钱而投资股市亏钱，其实主要有如下三点原因。

1. 杠杆

我们都知道买房只需要付首付，一般首付30%，贷款70%。相当于你放了接近3倍的杠杆，所以只要房价涨10%，你都会觉得你的收益接近30%。而股市则不行，以前没有融资融券等业务，你没有加杠杆的情况下，都是用本金炒股的，股市涨10%，就是10%的收益。房地产有杠杆，而股市没有杠杆，所以，老百姓觉得房地产的收益更高。

2. 走势不一样

通过我们自己的亲身体验都应该知道，房地产市场每年是平缓上涨的，几乎年年涨，所以只要在过去10年间，无论你什么时候介入房地产，基本都是盈利的，而股市则不一样。如前文分析，中国股市因为其投资者比率等原因，很容易造成暴涨暴跌，如果你没有持有到牛市，那么最近几年进去基本都是亏钱的，自然投资者体验很差，更造成了客户觉得股市不赚钱，房地产才赚钱的错觉！

3. 持有时间及流动性不一样

因为房地产的流动性不好，你买套房需要几个月的时间，即使买了就卖，也需要几个月的时间，所以很多客户持有房产，都是按年来计算的。股票则不一样，流动性很好，你今天买了，明天就可以卖，所以很多客户持有股票都是按天来计算的，股市只要一有风吹草动，客户基本就跑了，这种短炒、短卖，很容易亏钱。而客户投资房地产的时间都比较久，以时间换收益，赚钱概率自然就高。如果投资者按照投资房地产的心态来投资股市，不用管他中途波动，持有时间久一些，也放个几年时间，正如前文分析，其实股市的投资回报是比房地产要高的！

图9-2　买房买股打油诗

案例分析一

“本命年”基金全扫描：明星基金扎堆12年10倍不罕见[1]

除旧迎新，金鸡报晓，日历翻到了丁酉鸡年，中国传统文化十二生肖中属鸡的投资者也迎来了本命年。提到本命年的说法，不仅只是指人，今年有一批“老”公募基金也迈入了成立以来的

① 2017年2月6日《每日经济新闻》报道《“本命年”基金全扫描：明星基金扎堆　12年10倍不罕见》

第12个年头，过上了第一个“本命年”，可谓是这个圈子里当之无愧的元老了。

那么，这些成立于2005年的基金都有哪些？近年来，它们的表现如何？是否符合价值投资的理念？理财不二牛就对鸡年的“本命年”基金做一个360度全方位的扫描，让您对它们有更直观的认识。

明星基金扎堆，个个久经沙场

对于基金业乃至整个A股市场来说，2005年都是浓墨重彩、极具里程碑意义的一年。这一年的6月6日，沪指砸出了经典的998.23点，不过也拉开了一轮大牛市的序幕。从彼时开始，市场一路引吭高歌，耗时三年冲到了历史最高峰6124点。那么2005年，公募行业又在发生着哪些细微却意义深远的变化呢？

济安金信副总经理王群航此前曾撰文表示，2005年新成立的开放式基金总规模为1002. 84亿份，如果剔除2004年底发行、2005年初成立的7只基金，则2005年基金市场发行并成立的总规模为924.45亿份。换句话来说，2005年的新发基金规模进入了“千亿俱乐部”。

理财不二牛按照Wind 开放式基金分类统计发现，2005年成立的开放式基金共有62只（A、B份额分开统计）。其中，混合型基金37只、货币型基金20只、债券型基金3只、股票型基金2只。彼时，这个发行数量已经创下了历年来新高，不过单个基金的发行规模却呈明显下降态势。

这说明什么呢？敏锐的机构投资者已经嗅到了机会的味道，并开始紧锣密鼓地跑马圈地。

值得一提的是，这个时期成立的基金有不少都是日后的明星基金。比如，兴全趋势投资、博时主题行业、华夏收入、华夏红利、富国天惠精选成长和汇添富优势精选等，其中不少在业内赫赫有名的基金都为投资者带来了不菲的收益。用一位沪上公募人士半开玩笑的话来说，这里面不少基金都是各家公司的“镇店之宝”之一。

这些基金成立至今已经有“一轮”（12年）的时间了，可以说个个都经历过资本市场残酷的洗礼，或许在某种程度上比新成立的基金表现更稳定、更值得信赖。为了论证这一点是否属实，理财不二牛决定把“本命年”基金的业绩做一个全面的统计。

姜还是“老”的辣，“12年10倍”不罕见

华尔街有个词叫作“10倍股”，用来形容某只个股的股价涨到当初的10倍。当初的1万元变成10万元，10万元变成百万元。在这些12年的“老”基金中，回报率“12年6倍”“12年10倍”的情形也并不罕见。

理财不二牛统计发现，排名第一的兴全趋势自投资成立以来回报率超过了10倍。这只基金也一度成为兴全基金的明星基金，目前由明星基金经理董承非亲自掌舵。另外，博时主题行业和华夏收入自成立以来的回报率均超过了900%，即9倍，也是收益可观的明星基金。

还有一只值得一提的基金——富国天惠成长精选。该基金成立至今从未更换过管理人，一直由朱少醒一人独自管理，因此投资风格也没有发生过突变，对于一只经历了12年长跑的基金来说实属难得。

除此之外，还有多只基金的回报率都在6倍以上，而这也意味着它们带领投资者穿越牛熊市，平稳地走过了市场的高低起伏，并且收益率长期跑赢大盘，才获取了如今“稳稳的幸福”。如图9-3所示，2005年成立的基金，经过12年股市轮回，最高收益翻了10倍，平均收益了7.6倍。

基金简称	基金代码	成立日期	基金规模(亿元)	成立以来回报
兴全趋势投资	163402	2005/11/3	69.24	1065.52%
博时主题行业	160505	2005/1/6	68.29	974.92%
华夏收入	288002	2005/11/17	30.77	901.76%
华夏红利	002011	2005/6/30	110.81	788.31%
富国天惠成长	161005	2005/11/16	36.28	787.29%
汇添富优势精选	519008	2005/8/25	16.35	769.30%
大摩资源优选	163302	2005/9/27	7.86	665.28%
银华核心价值	519001	2005/9/27	50.89	644.83%
华宝兴业动力	240004	2005/11/17	19	618.96%
富国天瑞	100022	2005/4/5	18.83	607.67%
中银中国精选	163801	2005/1/4	16.97	606.75%

图9-3　12年基金回报图

从如上案例我们可以看出，其实如果长期持有基金，收益还是很不错的，持有10年以上，基金收益达到10倍以上并不是遥不可及的。我相信这和投资房地产的收益区别是不大的，甚至要远高于房地产投资，因为房地产投资除了在北上广等一线城市房价涨幅较大以外，很多地市的房地产价格也就翻了一两倍而已，远远比不上基金的投资收益！

然而为什么投资者却觉得基金收益不如房地产呢？

最大的区别就在于投资房地产的客户因为其流动性不好，所以一般都持有比较久的时间，而投资基金的客户往往心态不好，短炒、短卖，自然就错过了基金长期的收益。

如果以持有房地产的心态来投资基金，那么基本上就是包赚不赔的！

二、如何才能够克服人性，低点建仓

因为中国资本市场波动很大，而且在过去几十年资本市场发展的过程中，往往是牛短熊长，尤其在熊市中，你让客户投资基金是很难的，不用说客户了，就是让你自己去买基金都很难。正如图9-4所分析的，过去10年中，牛市基本就只有16个月而已，接近90%的时间都是熊市，而在这90%的时间里面，尤其是在2010—2014年这5年时间里，上证指数基本就是在2000点左右震荡，你随便什么时候买入持有到2016年，虽然经历了股灾和熔断，但是上证指数还是涨了1000点，你应该还有50%的收益！

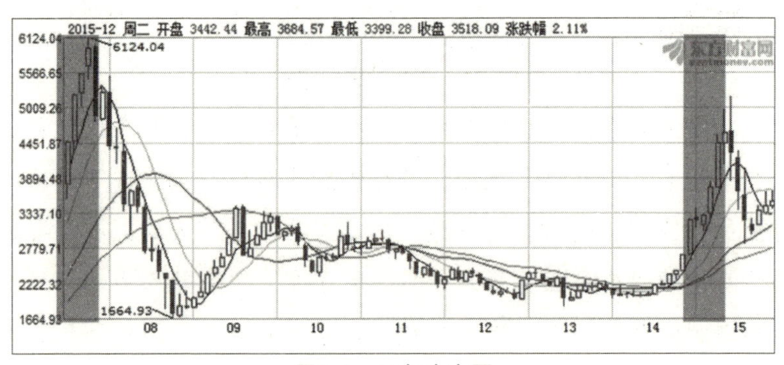

图9-4　10年牛市图

可是，在过去90%的时间里面，投资者都不会去买，而当投资者蜂拥而至的时候，往往是市场的高点，这个时候进场，被套的概率就很高！

那么，我们如何才能够买到低点呢？

这就需要靠基金定投了，因为基金定投是强制投资，不管市场高还是低，都由机器替代人做投资，只有这样才能够克服人性，实现低点建仓！

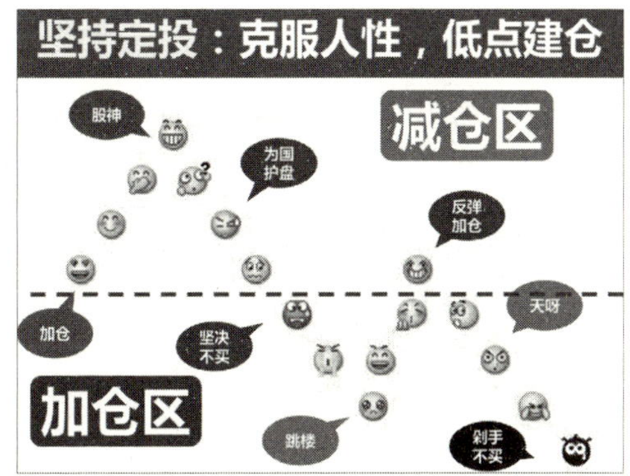

图9-5　定投克服人性弱点图

三、低点建仓的奥秘：摊薄成本

那么，基金定投为什么能赚钱？

在低点建仓有什么好处呢？

很多朋友想当然，低点建仓，成本就低嘛！

的确如此，那么成本究竟能低到多少呢？

可能会低到很多投资者都想不到！

案例分析二

如果客户从1元开始定投1只基金，由于市场下跌，这只基金的净值也随之往下跌，每个月基金净值跌0.05元，客户一直坚持每个月定投1000元，基金从1元跌至0.5元，而后开始回升至

0.7元，很多朋友认为，净值至少要到0.75元才能保本。其实不然，由于越跌越买，你的基金份额越来越多，坚持定投12个月，平均成本在0.69元，其实在12月，基金净值从0.5元反弹至0.7元时，你的定投已经保本了！

基金定投成本案例		
时间	基金净值（元）	基金份额
1月	1	1,000
2月	0.95	1,053
3月	0.9	1,111
4月	0.8	1,250
5月	0.75	1,333
6月	0.65	1,538
7月	0.6	1,667
8月	0.55	1,818
9月	0.5	2,000
10月	0.6	1,667
11月	0.65	1,538
12月	0.7	1,429
	平均成本：	0.69

图 9-6　基金定投成本图

如图9-6所示，其实定投，就是强制投资，在低点加仓，越跌越买，这时你所持有的基金份额就越来越多，这样就很容易降低平均持有成本！

四、定投摊薄成本，一有反弹就赚钱

经过如上分析，我们能看出，定投的方式可以摊薄整体投资成本，那么之后如何盈利赚钱呢？年化投资收益率如何超过10%呢？

市场往往是震荡的，单边下跌或者单边上涨的市场是少数的。在过去的10年中，尤其是在2008—2016年，上证指数每年接近20%

的振幅基本都在两次，因此，低点建仓，摊薄成本，就需要靠这两次的市场反弹来赚钱！

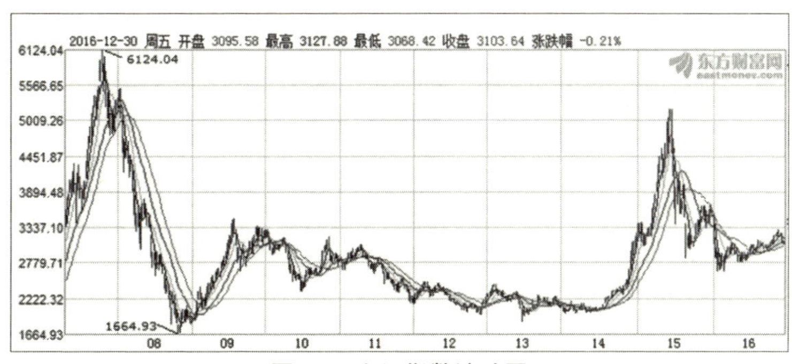

图9-7　上证指数波动图

五、为什么最长要坚持6个月呢

因为在过去10年中，上证指数基本每年都有两次20%的宽幅震荡，即使是去年5000点的连环下跌，半年内，都仍有两次超过20%幅度的反弹。如果投资者能坚持6个月的基金定投，大部分的时候，指数都在相对低点的位置，只要等到20%的指数反弹，就很容易实现年化10%的收益了！

我们还是通过如下两个案例来做一下说明。

案例分析三

5000点开始按月定投富国城镇发展基金（000471），定投6个月，盈利率12%，年化率25%！

从2015年6月1日开始定投富国城镇发展基金（000471），500元/月，投资6个月，截至11月30日，绝对收益率达12. 27%，年化收益率达24.54%!

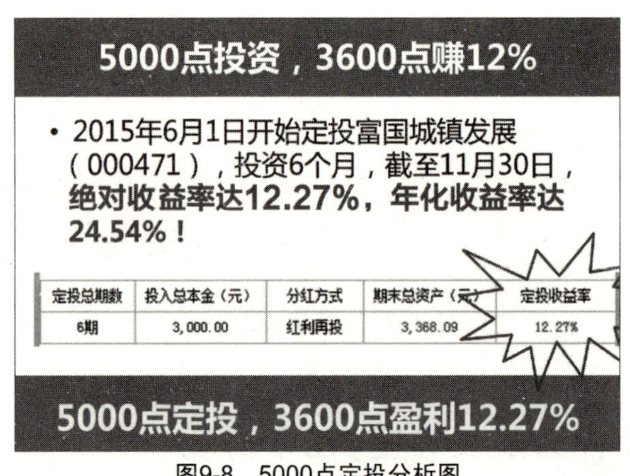

图9-8　5000点定投分析图

案例分析四

熔点前3600点开始按周定投富国城镇发展基金（000471），定投3.5个月，盈利率近7%，年化率40%!

从2016年1月4日开始定投富国城镇发展基金（000471），1000元/周，投资3.5个月，截至4月15日，绝对收益率接近7%，年化率26.37%!

所以，通过分析实际投资案例，我们能够发现，如果能让客户坚持定投6个月的时间，由于A股市场一直波动较大，在6个月的时间内，有很高的概率能让客户在投资年化率达到10%时赎回!

熔断前3600点定投，3000点赚7%

绝对收益率

6.67%

年化收益率

26.37%

富国城镇发展定投			
000471	日期	复权单位净值	份额
每周一定投1000元	2016/1/4	2.6270	381
	2016/1/11	2.2470	445
	2016/1/18	2.2130	452
	2016/1/25	2.2310	448
	2016/2/1	2.0810	481
	2016/2/8	2.2060	453
	2016/2/15	2.2350	447
	2016/2/22	2.3450	426
	2016/2/29	1.9800	505
	2016/3/7	2.0560	486
	2016/3/14	2.0750	482
	2016/3/21	2.2640	442
	2016/3/28	2.2720	440
	2016/4/5	2.3220	431
	2016/4/11	2.3470	426
赎回净值	2016/4/15	2.3740	6,745
总投入	15000	总资产	16,014
定投收益率	6.76%	简单年化收益率	26.37%

数据来源：东方财富网

图9-9　3600点定投分析图

六、采用这种定投策略的时候，需要注意几点

首先，不能止损：如果亏损了要继续定投，坚持6个月，按周定投的效果比按月定投更好。

其次，坚持止盈：一般我们建议绝对收益率在6%～8%之间，如果客户年化盈利率接近10%，就要通知客户止盈赎回。

最后，最好不要投资指数基金，要投资波动大、成长型风格的偏股型基金。

2016年至今，如果是通过这种方式进行投资的，则能够帮助客户赚取3轮左右的投资收益！

2016年第一轮收获：

2016年1月4日，熔断前开始定投，4月15日左右赎回第一轮的收益。

2016 年熔断前，开始周定投富国城镇发展
3.5 个月后，收获第一轮收益率：7%！！！

富国城镇发展定投(周定投)			
000471	日期	复权单位净值	份额
每周一定投1000元	2016/1/4	2.6270	381
	2016/1/11	2.2470	445
	2016/1/18	2.2130	452
	2016/1/25	2.2310	448
	2016/2/1	2.0810	481
	2016/2/8	2.2060	453
	2016/2/15	2.2350	447
	2016/2/22	2.3450	426
	2016/2/29	1.9800	505
	2016/3/7	2.0560	486
	2016/3/14	2.0750	482
	2016/3/21	2.2640	442
	2016/3/28	2.2720	440
	2016/4/5	2.3220	431
	2016/4/11	2.3470	426
赎回净值	2016/4/15	2.3740	6,745
总投入	15000	总资产	16,014
定投收益率	6.76%	简单年化收益率	26.37%

1月4日开始定投，

4月15日全部赎回，

绝对收益率接近7%，

年化率超过26%！

图9-10　第一轮定投收益图

2016年第二轮收获：

收割完第一轮收益之后，继续坚持定投到7月份，收割第二轮收益。

4月15日第一轮赎回后，继续坚持定投
3个月后，收获第二轮收益率：10%！！！

富国城镇发展定投(周定投)			
000471	日期	复权单位净值	份额
	2016/4/18	2.3310	429
	2016/4/25	2.2410	446
	2016/5/2	2.2620	442
	2016/5/9	2.1930	456
	2016/5/16	2.2110	452
	2016/5/23	2.2380	447
	2016/5/30	2.1930	456
	2016/6/6	2.3480	426
	2016/6/13	2.2540	444
	2016/6/20	2.3940	418
	2016/6/27	2.4370	410
	2016/7/4	2.5090	399
	2016/7/11	2.4980	400
赎回净值	2016/7/14	2.5390	5,625
总投入	13000	总资产	14,282
定投收益率	9.86%	简单年化收益率	48.36%

4月18日继续周定投，

7月14日全部赎回，

绝对收益率接近10%，

年化率接近50%！

图9-11　第二轮定投收益图

2016年第三轮收获：

继续坚持做定投，到12月份赎回，收割第三轮的收益！

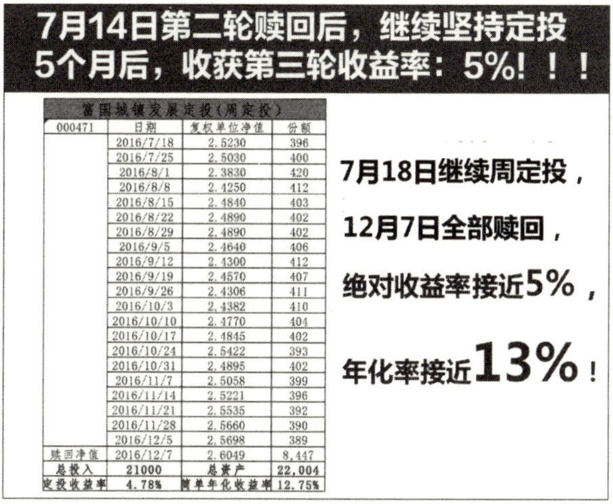

7月14日第二轮赎回后，继续坚持定投
5个月后，收获第三轮收益率：5%！！！

富国城镇发展定投(周定投)			
000471	日期	复权单位净值	份额
	2016/7/18	2.5230	396
	2016/7/25	2.5030	400
	2016/8/1	2.3830	420
	2016/8/8	2.4250	412
	2016/8/15	2.4840	403
	2016/8/22	2.4890	402
	2016/8/29	2.4890	402
	2016/9/5	2.4640	406
	2016/9/12	2.4300	412
	2016/9/19	2.4570	407
	2016/9/26	2.4306	411
	2016/10/3	2.4382	410
	2016/10/10	2.4770	404
	2016/10/17	2.4845	402
	2016/10/24	2.5422	393
	2016/10/31	2.4895	402
	2016/11/7	2.5058	399
	2016/11/14	2.5221	396
	2016/11/21	2.5535	392
	2016/11/28	2.5660	390
	2016/12/5	2.5698	389
赎回净值	2016/12/7	2.6049	8,447
总投入	21000	总资产	22,004
定投收益率	4.78%	简单年化收益率	12.75%

7月18日继续周定投，

12月7日全部赎回，

绝对收益率接近5%，

年化率接近13%！

图9-12　第三轮定投收益图

因此，通过这样的方式，在6个月的时间内，我们有很大把握可以让客户年化收益率超过10%，止盈赎回！

案例分析五

什么是最佳的定投时间点

一般而言，做基金定投就是要尽量避开择时的判断，这样才能克服人性坚持投资，从而才有所收获。

可是，由于投资者投资的频率不同，而且随着银行推出了周定投业务，我们在做培训以及与客户沟通交流的时候，总有客户问道："如果按周定投，那么星期几是最佳的定投时间点呢？”“我按月做定投，是上旬扣款，中旬扣款，还是下旬扣款最好呢？”

其实具体到这个问题，在不同的时间点扣款的确会有一些影响，尤其是在A股市场，由于散户占比较高，在一些关键的时点上，A股市场总会有一些特别的反应。比如，我们耳熟能详的“招商证券策略会”，A股市场每逢招商证券召开投资策略会，就会大跌，尽管基金经理压根就没想将A股的大跌与招商证券的策略会扯上关系，但稍有一点经验的股民们却个个吓得心惊肉跳。而一些记者统计了近四年的招商政策年度策略会及近三年的中期策略会，结果发现：A股传说中的四大魔咒之一——A股逢招商证券开会必跌，真不是说说而已。每逢招商证券开会，大盘必跌，这已成为毫无争议使A股做空的“大杀器”。

不仅在A股市场，其实在全球市场也有这样的效应。比如，奥运会、世界杯这些大赛开始前，股市的表现往往不会太好。那么，我们来分析一下这些现象，同时来聊一下，什么时候是定投的最佳时间点。

什么是A股的日历效应[①]

根据Fama的有效市场理论假说（Efficient Markets Hypothesis，EMH），资本市场上的证券价格能够充分准确地反映所有可获得的信息。然而，该假说一直受到资本市场上诸多异象的挑战，日历效应便是其中异象之一。

日历效应（Calendar Effect）是指金融市场存在与日历相关

① 2017年1月16日光大证券的策略报告《一年好景君须记——A股日历效应研究》

的异象（异常收益和波动等）。具体而言，日历效应包含星期效应、月内效应、月份效应、节假效应等。截至2016年底国内外已有大量关于股市日历效应的研究文献，相关研究结论也证明日历效应是国内外证券市场普遍存在的一个现象。

A股市场也存在日历效应，我们的研究样本和区间选择为2000—2016年的Wind全A指数。总的来说，A股传统日历效应较为显著，比如，星期效应（黑周四）、旬度效应（下旬差）、月份效应（春季躁动）以及节假效应（春节>“十一”>元旦>“五一”）。此外，A 股还明显受到政策和政治因素的影响，在重要会议前后（两会行情）以及重大政治年份（中央换届）也存在较为明显的异常表现。

A股星期效应：黑色星期四

首先，从涨跌幅来看，周四平均涨跌幅明显低于其他周历日，无论是均值还是中位数均为负值。此外，从上涨概率来看，周四上涨概率低于50%，明显低于其他周历日。

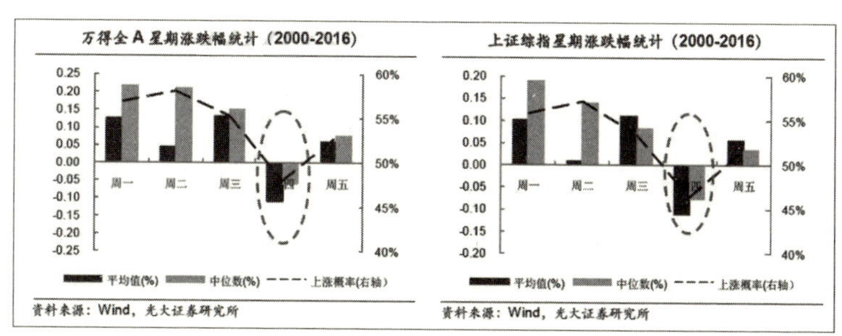

图9-13　A股星期四图

“黑周四”的原因：T+1

我们认为，A股特殊的“T+1”交易制度可能是造成“黑周四”的主要原因。在“T+1”交易制度下，如果投资者想要在周末（或下周初）拿到现金，就需要在周四卖出股票。我们通过观察A 股资金净流入这一指标也可以发现，周四资金净流入额在一周之内是最少的，这就表明A股投资者更倾向于在周四卖出股票。

策略回测结果验证了A股星期效应的显著性

我们以上证综指为例，通过一个简单的“周四空仓”策略也可以侧面验证A股星期效应的显著性。2000—2016年每逢周四空仓的策略结果相较指数基准要好很多。

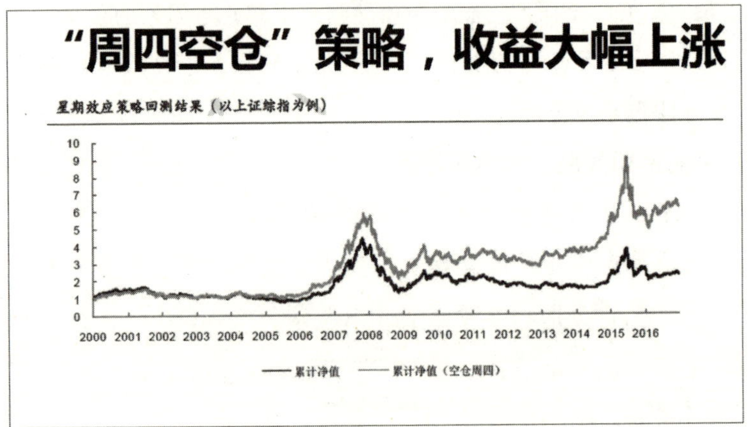

图9-14 “周四空仓”投资策略图

从如上分析来看，如果是按周定投，那么星期四是比较好的投资时间点，因为星期四下跌概率比较高，这个时候定投建仓往往是比较好的时间点。

A股旬效应：下旬表现差

A股月内表现一般在下旬较差，主要原因可能来自资金方面的扰动。通过分析，A股每月上、中、下旬表现呈台阶式下降，上旬最好，下旬最差。我们认为，造成A股表现月初好、月末差的原因可能有以下两个方面：一是月初PMI、信贷等宏观数据可能会对股市产生影响；二是从SHIBOR 等短端利率月内平均走势来看，市场资金面上半月相对较为宽松，而下半月则相对偏紧。

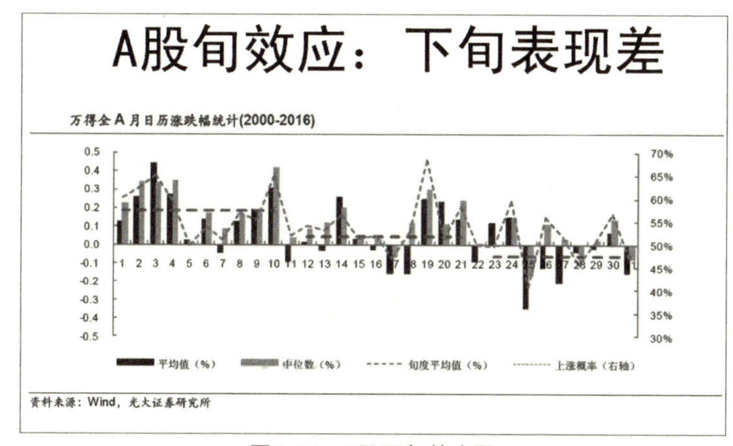

图9-15　A股下旬效应图

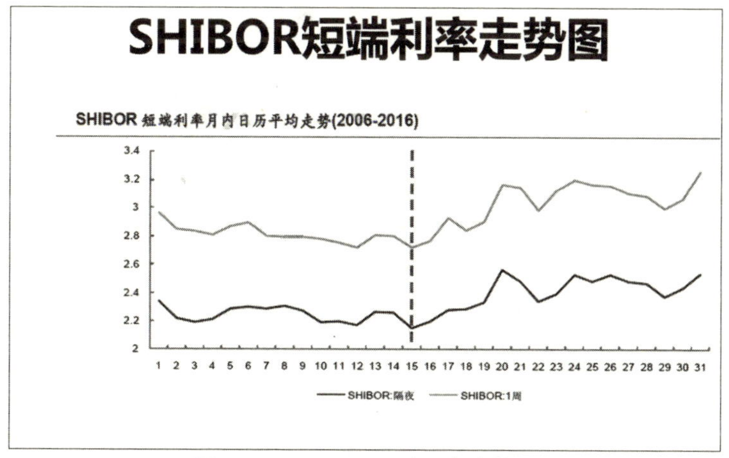

图9-16　SHIBOR短端利率走势图

A 股季末表现较差，特别是6月末和9月末，主要是以往银行存贷比考核下的季末揽存行为所导致的。2015年10月之前，银行存贷比考核采用时点法，由于为了满足考核标准，银行往往在每季度末突击揽存，这就容易造成市场流动性偏紧，对股市也会造成不利影响。我们统计了2000—2016年每季度末最后几个交易日的市场平均表现情况，其中除3月末以外（3月末例外主要是由于两会行情，后文会讲到），其他季末市场表现则较差，特别是6月末和9月末。2015年10月开始，银行考核由时点法转变为平均法，这时我们再观察银行季末揽存行为较往年有所消减，对市场资金面的影响也相应减弱。

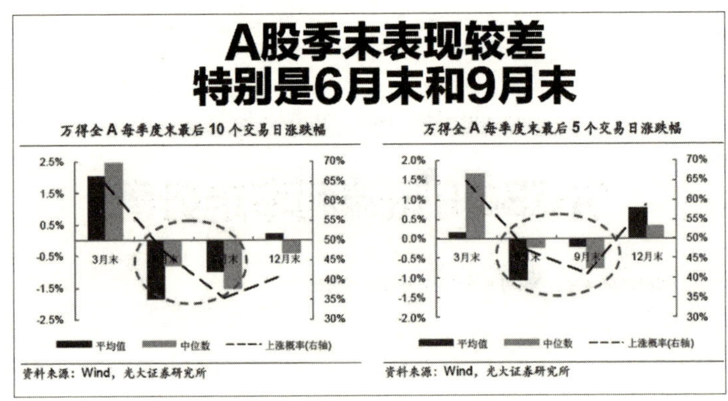

图9-17　A股季末投资表现图

策略回测结果验证了A股旬度效应的显著性

以上证综指为例，我们通过一个简单的“下旬空仓”策略也可以从侧面验证A股旬度效应的显著性。2000—2016年空仓下旬（或空仓中下旬）的策略结果同样相较指数基准要好很多。

“下旬空仓”投资策略投资收益显著提升

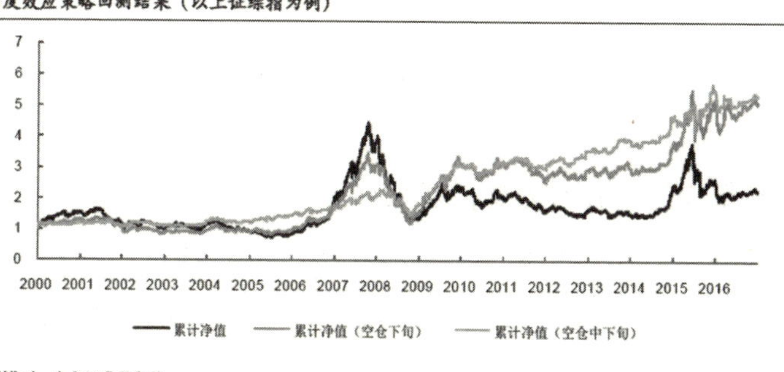

资料来源：Wind，光大证券研究所

图9-18　“下旬空仓”投资策略收益图

所以，从如上分析来看，如果按月定投，下旬是比较好的投资时间点。

案例分析六

究竟星期几才是最佳的定投时间点

从A股的“日历效应”来看，星期四应该是最佳的定投时间点，可是也有一些投资者持有不同的意见，认为星期五才是最佳的定投时间点，这是为什么呢？

在2015年“股灾”期间，很多政策是在周末发布，这就导致了股市震荡一般出现在下周，所以很多投资者选择在星期五卖出，因此，周五应该是一个不错的时间点。

为了更客观和全面的比较，我们选择了富国天惠基金（160005），这只基金在过去的10年中一直都没有更换过基金经理，因此，风格比较稳定，数据比较全面，同时还分别选择熔断前（2016年1月4日）、5000点（2015年6月15日）、3年期周定投、5年期周定投及10年期周定投做对比，我们来看看，究竟星期几定投最好？

熔断前定投收益测算，星期五定投最好

从图9-19中可以看出，如果在熔断前2016年1月4日开始每周定投富国天惠基金（160005），按周一到周五分开扣款，定投收益率排名前3的分别为：星期五定投、星期四定投和星期一定投。

熔断前2016年1月4日开始周定投
富国天惠基金（160005）定投收益表

熔断前周定投基金收益表

数据测算截至2017年5月2日，红利再投资

周定投时间	定投次数	开始日期	赎回时间	定投总收益率
星期一	67	2016/1/4	2017/5/2	6.16%
星期二	69	2016/1/4	2017/5/2	5.95%
星期三	69	2016/1/4	2017/5/2	5.98%
星期四	69	2016/1/4	2017/5/2	6.27%
星期五	68	2016/1/4	2017/5/2	6.35%

收益测算说明：
1、申购费率为1.5%，赎回费率为0.5%，定投总收益已经扣除申购赎回费率；
2、定投次数不同，因为涉及到法定假期，如定投扣款日为法定假期，则自动停止扣款，等待下一定投日再扣款。

图9-19　熔断定投投资收益图

5000点定投收益测算，还是星期五定投最好

从图9-20中可以看出，如果在5000点，即2015年6月15日开始每周定投富国天惠基金（160005），按周一到周五分开扣款，定投收益率排名前3的分别为：星期五定投、星期三定投、星期四和星期二（并列）定投。

2015年6月15日开始周定投
富国天惠基金（160005）定投收益表

5000点周定投基金收益表				
数据测算截至2017年5月2日，红利再投资				
周定投时间	定投次数	开始日期	赎回时间	定投总收益率
星期一	96	2015/6/15	2017/5/2	4.83%
星期二	98	2015/6/15	2017/5/2	4.86%
星期三	98	2015/6/15	2017/5/2	4.88%
星期四	97	2015/6/15	2017/5/2	4.86%
星期五	97	2015/6/15	2017/5/2	5.07%

收益测算说明：
1、申购费率为1.5%，赎回费率为0.5%，定投总收益已经扣除申购赎回费率；
2、定投次数不同，因为涉及到法定假期，如定投扣款日为法定假期，则自动停止扣款，等待下一定投日再扣款。

图9-20　5000点定投投资收益图

3年期定投收益测算，星期二定投最好

从图9-21中可以看出，如果在2014年4月1日开始每周定投富国天惠基金（160005），按周一到周五分开扣款，坚持周定投3年，定投收益率排名前3的分别为：星期二定投、星期一定投和星期四定投。

3年期2014年4月1日开始周定投
富国天惠基金（160005）定投收益表

3年期周定投基金收益表				
数据测算截至2017年5月2日，红利再投资				
周定投时间	定投次数	开始日期	赎回时间	定投总收益率
星期一	158	2014/4/1	2017/5/2	23.91%
星期二	161	2014/4/1	2017/5/2	24.00%
星期三	159	2014/4/1	2017/5/2	23.53%
星期四	160	2014/4/1	2017/5/2	23.89%
星期五	160	2014/4/1	2017/5/2	23.85%

收益测算说明：
1、申购费率为1.5%，赎回费率为0.5%，定投总收益已经扣除申购赎回费率；
2、定投次数不同，因为涉及到法定假期，如定投扣款日为法定假期，则自动停止扣款，等待下一定投日再扣款。
3、假定客户从2012年4月份开始定投，坚持5年，至2017年6月份全部赎回基金。

图9-21　3年期定投投资收益图

5年期定投收益测算，星期四定投最好

从图9-22中可以看出，如果在2012年4月2日开始每周定投富国天惠基金（160005），按周一到周五分开扣款，坚持周定投5年，定投收益率排名前3的分别为：星期四定投、星期一定投和星期二定投。

五年期2012年4月2日开始周定投
富国天惠基金（160005）定投收益表

五年期周定投基金收益表

数据测算截至2017年5月2日，红利再投资

周定投时间	定投次数	开始日期	赎回时间	定投总收益率
星期一	261	2012/4/2	2017/5/2	59.01%
星期二	264	2012/4/2	2017/5/2	58.88%
星期三	263	2012/4/2	2017/5/2	58.80%
星期四	264	2012/4/2	2017/5/2	59.10%
星期五	263	2012/4/2	2017/5/2	58.78%

收益测算说明：

1、申购费率为1.5%，赎回费率为0.5%，定投总收益已经扣除申购赎回费率；

2、定投次数不同，因为涉及到法定假期，如定投扣款日为法定假期，则自动停止扣款，等待下一定投日再扣款。

3、假定客户从2012年4月份开始定投，坚持5年，至2017年5月份全部赎回基金。

图9-22　5年期定投投资收益图

10年期定投收益测算，星期四定投最好

从图9-23中可以看出，如果在2007年4月2日开始每周定投富国天惠基金（160005），按周一到周五分开扣款，坚持周定投10年，定投收益率排名前3的分别为：星期四定投、星期三定投和星期二定投。

10年期2007年4月2日开始周定投
富国天惠基金（160005）定投收益表

10年期周定投基金收益表

数据测算截至2017年5月2日，红利再投资

周定投时间	定投次数	开始日期	赎回时间	定投总收益率
星期一	517	2007/4/2	2017/5/2	101.76%
星期二	524	2007/4/2	2017/5/2	101.90%
星期三	522	2007/4/2	2017/5/2	102.02%
星期四	524	2007/4/2	2017/5/2	102.10%
星期五	522	2007/4/2	2017/5/2	101.71%

收益测算说明：

1、申购费率为1.5%，赎回费率为0.5%，定投总收益已经扣除申购赎回费率；

2、定投次数不同，因为涉及到法定假期，如定投扣款日为法定假期，则自动停止扣款，等待下一定投日再扣款。

3、假定客户从2012年4月份开始定投，坚持5年，至2017年5月份全部赎回基金。

图9-23　10年期定投投资收益图

星期四是最佳的定投时间点

从如上实际投资收益来看，选择星期几开始周定投其实收益差别并不大，最高收益和最低收益相差也就在1%。然而从周定投收益率对比表的排序来看，我们还是可以得出如下结论。

一是短期之内，星期五定投效果更好一些，而如果长期投资，星期四定投效果最佳。

二是无论长短期定投，星期四定投收益均能进入前3名，收益显著。

周定投收益对比表

数据测算截至2017年5月2日，红利再投资

周定投时间段	总收益第一名	总收益第二名	总收益第三名
熔断前周定投	星期五定投	星期四定投	星期一定投
5000点周定投	星期五定投	星期三定投	星期四和星期二定投（并列）
三年期周定投	星期二定投	星期一定投	星期四定投
五年期周定投	星期四定投	星期一定投	星期二定投
十年期周定投	星期四定投	星期三定投	星期二定投

收益测算说明：

1、申购费率为1.5%，赎回费率为0.5%，定投总收益已经扣除申购赎回费率；

2、数据测算截至2017年5月2日，红利再投资

图9-24　周定投收益对比表

从定投测算来看，定投收益率和A股日历效应是相吻合的，星期四下跌的概率比较高，所以，星期四是最佳的定投时间点。同时，从图9-24中我们也可以看出哪一天定投效果最差！无疑是星期三，星期三定投仅有两次出现在前3排名中！

虽然，从数据统计来看，星期四定投效果较好，而星期三定投效果较差，但是其收益率相差也不过1%，区别并不明显。所以，只要开始周定投，选择星期几并不重要，重要的是要能坚持下来。只要能坚持下来，无论星期几开始，都是最好的定投时间点！

第10章 “3分钟定投开户”实战案例及营销话述

一、3分钟定投开户投资策略

如果你没有办法让客户3分钟开户定投，那么，即使你说半个小时也是没有用的！

坚持定投6个月，年化10%不是梦！

通过这种定投策略，你只需要和客户沟通3分钟，很多客户就会现场开户投资，成功率是极高的！

我们从2016年初至今，定投培训了大概有100场，现场平均开户率基本在50%以上，最高一场接近90%！

2016年11月底，在某省招商银行营业部做了一场定投培训活动，现场来了50名客户，听完培训后有30多人排队开户，理财经理当时很震惊。因为现场只有3位理财经理，根本没有办法应付这么多客户同时开户，后来第二天、第三天继续跟进，又有十几名客户过来开户！此次活动，客户开户率超过80%！

后来，我们把这种方法与很多理财经理沟通交流后，提炼为“3分钟定投开户投资策略”。理财经理只需要和客户聊3分钟，客户就会明白什么是定投，而且基本都会定投开户。

如果你无法在3分钟内说服客户开定投户，那么，这个客户，你应该直接放弃掉，因为你无法用3分钟打动他，那么就算你再说30分钟也是没有用的！

这是为什么呢？

让我们一起来看看案例分析和营销话术。

二、实战案例和营销话术

在理财经理掌握了“3分钟定投开户”的理论方法和投资策略之后，那么如何“短、平、快”地学会这种定投营销方法呢？经过我们和近千名理财经理的沟通交流，以及与工行、建行、中行、招行、交行等分支行的沟通探讨之后，大家都提出，理财经理不仅需要理论上的知识，更需要在前台和客户沟通交流的时候，有营销辅助工具可以使用，这样，理财经理和客户沟通交流起来效率也能提高很多。

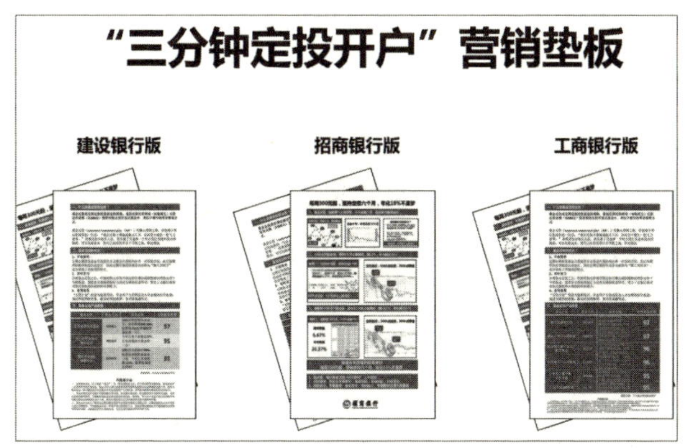

图10-1 “三分钟定投开户”营销垫板

于是，我们根据不同的银行需求以及不同的推荐产品（截至2016年12月底，因为农行等行未开通周定投业务，所以无法采用我们的投资方法，工商银行在2016年11月份开通周定投业务，很多分行立刻推广我们的“3分钟定投开户”法），我们为银行定制了如下的“3分钟定投开户”营销垫板。

理财经理拿到这个垫板作为营销辅助工具，那定投营销就变得非常简单了。让我们来看看如下4个场景的实战案例，基本覆盖了理财经理所能遇到的所有基金定投客户的类型，理财经理只需要通过展示营销垫板，并结合如下具体话术，80%以上的客户就会在3分钟之内现场开户做定投了。

“3分钟定投开户”实战案例场景一

客户背景：

客户A总，以前投资过基金，是按照月定投的，但收益一般，甚至亏损了。

“3分钟定投开户”现场实战沟通话述：

“李总，这是我们新推出的投资理财策略，按周定投，坚持定投6个月，年化盈利有可能超过10%哦。”

“啊！定投我是知道的，以前按月做，现在为什么要按周呢？”

“因为按周做，更为分散呀，这样你的投资成本会降得更低，赚钱的机会自然更高了！”

“听起来不错，为什么我以前的定投都是亏钱的呢？”

“定投也要赎回，比如，您按照这种投资方式，我们建议盈利率在6%～8%，年化率超过10%时就赎回，其实您以前定投也有赚钱，只不过当时没有赎回，最后又跌回去了，是不是？”

“没错，定投的确也需要赎回，这一点，我以前是没有想到的！因为，定投时理财经理一直说要长期持有，持有好多年，所以我就没有赎回，坐了好多次过山车！”

“其实定投也可以赎回的，您可以把您原来的按月定投改为按周定投，这样效果会更好！”

“好，那我试试看，下次定投有收益了，要记得提醒我赎回哦！”

“好的！”

共用时间：1分30秒

说话语速：150~200字/分钟

案例点评：

很多客户都做过定投，以前常推荐的是按月做定投，现在很多银行都推出了周定投。其实周定投比月定投更好，因为周定投更为分散，而且如果客户每周都投，累计金额自然就会更多。通过周定投打动客户，可以让很多客户把月定投改为周定投！

“3分钟定投开户”实战案例场景二

客户背景：

B阿姨，只买理财产品，风险不高，以前投资过基金，亏损了，从此不买了！

“3分钟定投开户”现场实战沟通话述：

“阿姨，近期理财产品收益都很低哦！”

“是呀！越买越低，难道就没有收益更靠谱一点的产品吗？”

"有呀！近期我们推出了周定投的投资方式，每周起点300元，最长投资6个月，年化收益率可能超过10%，您要不要试试看？"

"定投！投资基金吗？会不会亏损呀？"

"对，投资基金，不过分摊成每周都投，风险降低很多，可能会亏损，不过您对比一下，2015年5000点开始投资，6个月赚了12%，2016年熔断前3600点开始投资，3.5个月赚了将近7%，赚钱的概率还是很高的，您要不要开个基金定投户试试看？"

"听起来不错，每周300元起，最长6个月，就是24周，最多7200元，对吧？"

"没有错！最长6个月，最多就是7200元，中途如果收益年化率超过10%，我就通知您！"

"可以呀，那我就试试看，反正每周300元，钱也不多，我开户试试看吧！"

共用时间：1分30秒

说话语速：150～200字/分钟

案例点评：

其实很多理财类的客户也可以通过这种方式引导到基金定投上面，他们最担心的是亏损。没错，我们也并不能确保一定能够赚钱，但是通过实际投资经验来看，按周定投，6个月之内，年化收益率超过10%的概率还是很高的。2016年至今，任何时候进去定投，一般在3～4个月之内即可获利！而且，起点金额不高，很多理财类的客户都会算笔张，每周300元，最长6个月，那就1万元不到，就算亏损，也亏不到哪里去，那不如试试看！

只要客户开基金定投户，就能体验到基金定投的好处，未来银行再做基金营销配置权益类的资产就容易多了！而如果客户不开户，你和他说基金定投千般好万般好都是纸上谈兵，终究是水中月镜中花，客户体验不到，那就没有用！

所以，基金定投的第一步，就是要让客户开户，只有客户开户了，才能体验到基金定投的优势和好处！

“3分钟定投开户”实战案例场景三

客户背景：

C大叔，5000点开始投资，亏损得一塌糊涂，谈到基金就愤怒！

“3分钟定投开户”现场实战沟通话述：

“小王，我以前投资的基金怎么办？都亏损了好多呀！”

“大叔，现在市场不好，去年买的基金的确都是亏损的！您要不要补一点仓，做基金定投，这样回本更快一些。”

“我没有钱了！都被套在里面了，什么基金定投，都是骗子，你先告诉我亏损的基金该怎么办再说！”

“大叔，我能够理解，5000点投资的基金现在指数不到3000点，的确有亏损！您想要回本，要么就是等，要么就是现在通过基金定投适当加点仓，回本更快一些！您要不要试试看，起点不高，每周300元起就够了！”

“才300元，可以让我回本吗？我当时投资了好几万元呢！”

“大叔，您看看！通过这种每周定投基金，其他人5000点和您一样开始投资，跌倒3600点的时候别人还赚了12%呢！您看看……”

“什么！5000点开始投资，跌倒3600点了还能赚钱，蒙人吧！我看看……”

“您看看，每周投资300元起，最长6个月，年化盈利率超过10%就赎回，不仅5000点开始投资就能赚钱，2016年熔断前3600点投资也能赚钱，您要不要试试看？”

“哎呀！我是一次性买入呀，怪不得亏钱，别人越跌越买，成本比我低呀！我试试看，别说赚10%了，现在只要能让我回本就阿弥陀佛！我该投原来的基金，还是你帮我选几只表现好的基金呀？我原来投资的那些基金都是垃圾……”

“没事！我帮您挑几只基金，您看看……”

共用时间：2分30秒

说话语速：150~200字/分钟

案例点评：

很多5000点开始投资的客户，一直在问基金亏损了怎么办？什么时候能够回本？其实这些问题就像问指数点位一样是没有答案的，怎么办？基金定投再补仓是最好的方法！具体分析，详见下文的《5000点的基金该如何解套》。

在这个案例中，你和客户谈到了“其他人5000点和您一样开始投资，跌到3600点的时候别人还赚了12%呢！”，这句话碰到了客户的痛点，这个时候很多客户反弹会很大，而且想去了解，为什么别人5000点才开始投资就赚钱了，这个时候，就是很好的定投切入点。

“3分钟定投开户”实战案例场景四

客户背景：

一位银行领导，以前因为工作需要，投资过基金，都亏钱了，对基金公司很不待见。

“3分钟定投开户”现场实战沟通话述：

“肖总，您好！”

“小沈呀！我的基金都亏钱呀，怎么办呀？”

“您什么时候买的？”

“几年前，都亏了，怎么办？”

“不可能吧！几年前点位在2000点，而如今都3000点了，拿到现在，怎么着都是赚钱的呀!”

“我没有赚钱，亏损就赎回了！反正是亏的，怎么办？”

“这样子呀！要不，您试试基金定投？”

“定投也是亏的！都是亏的！”

“不是吧！我自己也定投，2008年到现在都是赚钱的！您看看，你们银行现在推出了周定投，每周300元起，最长6个月，年化盈利率超过10%，要不要试试看？”

“每周投？不是按月吗？”

“那是很久以前了！现在功能改进了，您看看，2015年5000点开始投资，6个月赚了12%，2016年熔断前3600点开始投资，3.5个月赚了将近7%，赚钱的概率还是很高的，每周300元起，最长6个月，年化盈利10%不是梦，您要不要试试看！”

“好！我信你一次，才投300元，太没意思了，我每周投

2000元，推荐两只基金给我，我试试看，如果6个月内还赚不到钱，你以后不要进我的门了！”

“哈……好！您就在手机银行里直接开户直接做周定投就可以了，我推荐两只基金给您……”

共用时间：2分10秒

说话语速：150~200字/分钟

案例点评：

我和上面这位肖总沟通的时候，指数点位大概在2800点，当时一片哀鸿，结果，肖总半开玩笑“为了能把我拒之门外”，就现场开户周定投2000元。几个月过去后，指数反弹接近3300点，肖总给我打电话，告诉我说，如果当初不是我“连蒙带骗”叫他开户，他至今都不会开定投户的。现在他的账户里面盈利超过10%，问我之后该怎么办？我告诉他，按照最初和他沟通的思路，可以赎回了，然后继续做定投，等待下一轮的收获。经过这样的体验后，肖总不仅自己每周定投加码到5000元，而且还带动他身边的人做定投！

其实，我经常在银行碰到这样的领导，用几分钟和他们沟通完“坚持定投6个月，年化10%不是梦”的投资方法后，大家都半信半疑，更多时候会半开玩笑和我说：“好！我就信你一次，我现在就开户，反正每个月300元，我拿出1万元，为了证明你就是个骗子！”

结果，他们就现场开户了，而且在不到6个月的时间内，都有盈利。他们便开始认识和体验到定投的优势和魅力所在，这个时候，就会有很多人给我打电话说：“如果当初不是你推荐我定投，我至今都不会去开定投户的！”

其实，按照这种投资方法，6个月之内年化盈利超过10%的概率是很高的，5000点跌下来，甚至6000点跌下来，都还要反弹一下呢！

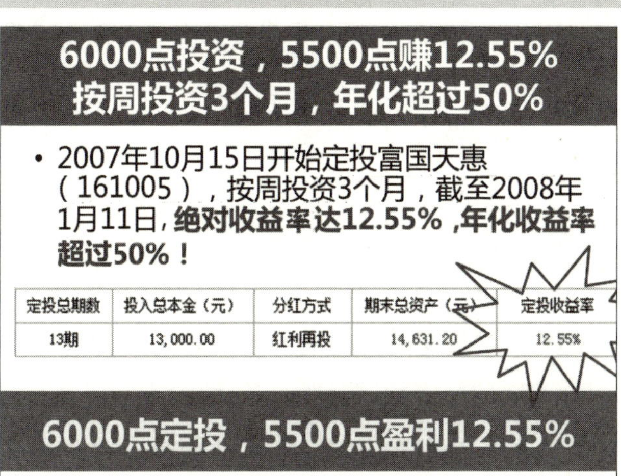

定投总期数	投入总本金（元）	分红方式	期末总资产（元）	定投收益率
13期	13,000.00	红利再投	14,631.20	12.55%

图10-2　6000点定投图

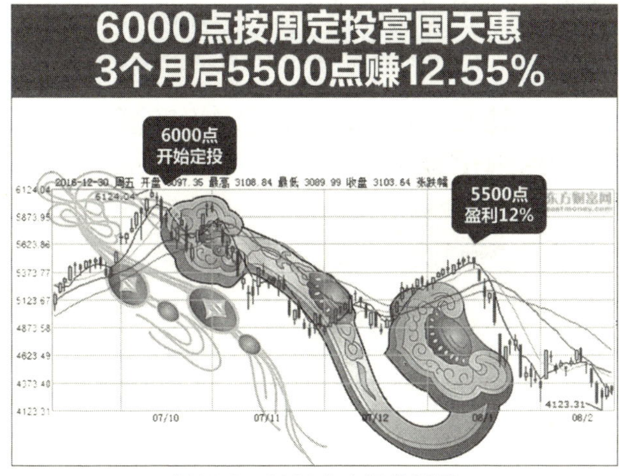

图10-3　6000点定投分析图

三、万一亏损了该怎么办

很多银行小伙伴都会直接问我这个问题：“你所举的案例虽然都是真的，我们也看到了数据，但是你的营销具有误导性，我问你，万一亏损了怎么办？”

“你这个问题很好，万一亏损了怎么办？首先，我们没有说保证一定赚钱，目前，连银行都可能倒闭，还有什么是可以保证的呢？什么情况下会亏损，就是股市一直单边下跌，而且6个月之内，几乎一次反弹都没有，过去有没有发生过这种情况呢？有！如果你是在2008年1月份开始周定投，到7月份，这6个月的时间内，股市一次反弹都没有，通过这种周定投的方式，你会亏损多少，我告诉大家！如图10-4所示，6个月内，指数从5500点跌到2700点，指数跌了50%，基金定投亏损17%，大概就是指数整体跌幅的1/3。假设现在是3000点，如果碰到极端情况，半年内连续下跌，一次反弹都没有，你觉得最低跌到多少？”

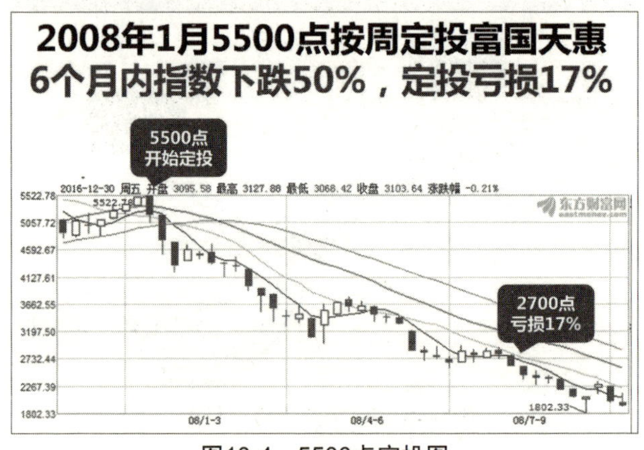

图10-4　5500点定投图

“2500点？差不多了吧？就算跌了20%，那么通过这种投资方式整体投资应该损失6%～7%！在这样极端的股市行情下，指数跌了20%，而你的基金定投只跌了6%～7%，应该很好和客户解释吧！而且，很多客户初始投资可能每周真就300元，6个月7200元，跌了6%～7%，整体亏损也才500元不到。无论从相对跌幅还是亏损的金额来看，都能够跟客户沟通解释。从某种程度上说，碰到这样的单边市场，更能体现出基金定投的优势所在——分散投资，降低风险！何况这种6个月连续单边下跌的行情也只有在2008年发生过，甚至在2015年股灾的时候都没有再发生了，未来再发生的概率也是很低的！”

所以，通过这种方式来建议客户基金定投，你赢的概率还是很高的！

我回答后，基本没有人再有异议了。的确，基金定投可以帮助客户很好的分散风险，如果客户开始定投，其实他赚钱的概率还是很高的！

但是，定投千般好万般好，只有客户真正开户之后才能体验到，如果客户不开户，一切好处都是空谈！

基金定投不仅可以帮助客户降低投资风险，同时还可以帮助客户基金解套。基金解套其实不是转换，而是继续补仓定投，让我们一起来看看《5000点的基金如何解套》。

第11章 5000点基金如何解套

曾记否，5000点

大风起兮云飞扬

……

如今

股灾一年多

往事不堪回首

试问苍天

何时回本

提及伤心处

两眼泪茫茫

……

5000点的基金如何解套

很多银行理财经理和客户在培训提问环节问得最多的就是：“客户在5000点买的基金，如何解套？”

这个问题，不管是客户问的还是理财经理问的，每一次提问都在挑战回答者的经验积累和应变能力，尤其对很多牛市迅速成长起来的“小鲜肉”基金经理们，常被这个问题呛得下不了台。那么该如何来回答这个问题，如何为理财经理和客户出主意呢，如何说到言之有理、言之有物甚至言之有情呢？

我们和大家分享一下：我们该如何来回答和应对这个问题，以及5000点基金解套的解决方案！

第一步：心理安抚及转移关注点

我们在培训的时候，有很多理财经理及客户站起来提问，经常会问到“5000点的基金如何解套”，而且，这个问题会引起现场很多人的共鸣，如果这个问题回答不好，那么接下来的培训基本你就不用再讲了！

回答这个问题的第一步不是给解决方案或讲大道理，更不是回避，感同身受则更为重要。客户其实只是需要心理安抚，这个问题和“大盘点位看到多少点”其实是一样的，根本没有标准答案，但是你总需要回答和面对，那么我们可以回答：“其实在5000点的时候，我们也很害怕，经常让我们想起当年6000点的时候，很多基金都是在3天不到的时间内销售完毕的，而且有很多客户排队到银行门外要买产品，历史证明，卖得最快的基金往往都很难赚到钱，而很难卖的产品，最后收益往往都不错……”

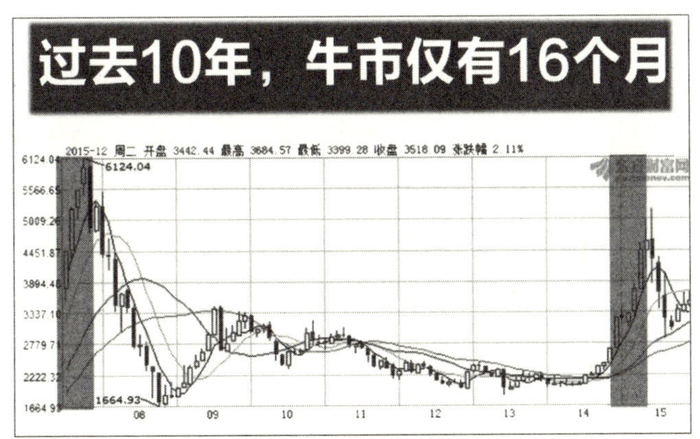

图11-1　10年牛市图

这个时候提问者一般不会再进一步的反驳了，大家都心知肚明，5000点的时候，大部分的产品都是客户自己买的。

这种情况下，你的回答可以更进一步，转移一下客户的关注点："巴菲特曾经说在别人贪婪的时候恐惧，在别人恐惧的时候贪婪，我们现在也许更为重要的是，能从5000点的疯狂中学习到什么，其实，我们看到2016年的楼市疯狂的程度，总不由自主想起一年前的时候……"

这个时候，提问者往往平静很多了，而且他们的关注点会不由自主的转移到楼市方面，甚至会打岔问你对房地产的看法，此时，你就可以提出你的解决方案了！

第二步：股市逻辑以时间换收益

客户被安抚后，接下来我们就应该给出一些解决方案了，解决方案必须体现出你很专业。

例如，我们曾在给客户培训的时候，有一个客户很愤怒，说："基金都是骗人的，我们一买就亏，5000点的基金什么时候能够解套？"

于是，我给客户们看如下这个图，讲解了股市赚钱的逻辑。

从2001年第一只公募基金推出开始，至今已经发展超过15年了。在过去的15年中，公募基金还是为投资者带来了不错的业绩回报，可是，投资者却总感觉投资公募基金不赚钱，这是为什么呢？

我们一起来看看，在2017年2月，证监会副主席李超对公募基金的评价以及对投资者的建议。

证监会副主席李超在2017年2月26日的国务院新闻办新闻发布会上指出，作为资本市场非常重要的中介机构和资产管理机构，应该说近年来证券、基金行业在服务实体经济和国家战略、满足居民财富管理需求方面有一些新的进展。2016年，证券公司为总计7.5万亿元的股票、股权、债券等融资提供了专业化服务。

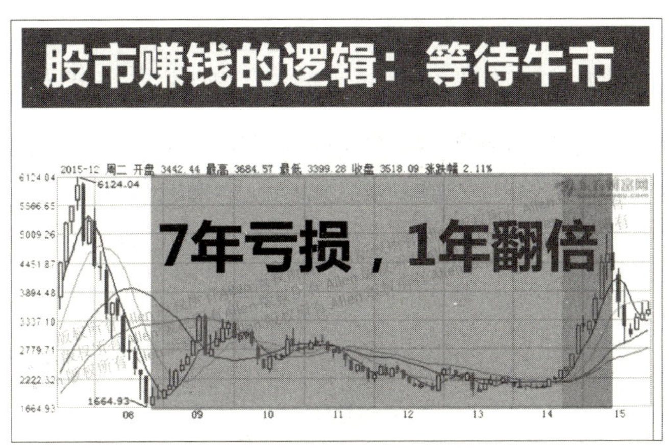

图11-3　股市赚钱逻辑图

对于公募基金，李超表示，目前公募基金持有人近2亿人，其中85%以上是持有资产5万元以下的投资者。从收益率看，自2001年开放式公募基金推出以来，偏股型基金年化收益率达到16%以上，债券型基金达到8%以上，累计为基金持有者分红1. 5万亿元。

李超称："有些投资者可能不太认同我报的数，会觉得过于乐观，因为他们觉得投资基金没挣这么多钱，有的甚至还亏钱。这些数字实际上是一个平均数，提示我们在基金投资上尽量不要快进快出、短线操作，在这方面基金投资者可以借鉴社保基金在投资理念、资产配置方面的一些好的经验。"①

① 2017年2月26日中国网报道《证监会副主席李超：基金投资者尽量不要快进快出、短线操作》

我们从数据中可以分析出，投资者如果持续持有公募基金，其投资回报率是很不错的，甚至连债券基金年平均回报率都能高达8%以上，可是，为什么投资者感觉不赚钱呢？那是因为投资者太着急，快进快出，所以很难赚到钱！

股市和基金赚钱的逻辑其实很简单，就是以时间换收益！

图11-4　基金投资平均收益图

第三步：5000点基金解套最好的方法

客户问到关键的点上了，经过第一步和第二步的循循引导后，第三步才是实际可以操作的解决方案。

5000点的基金如何解套呢？

除了等待，有没有更好的解决方法？

其实是有的，这个时候，我们就会推荐以“定投的方式继续投资”来帮助客户迅速解套。

我曾经在2016年初以1元的净值买过一只新基金，可是运气不好，这只基金由于买了创业板的一些股票，导致了净值持续下跌，很快就从1元跌到了0.8元，我当时只买了10000元，后来跌到0.8元的时候，又补仓了8000元，这个时候，我的基金份额为20000份，也就是本来需要用10000元买的份额，现在打了8折，只需要用8000元买即可，总投入18000元，20000份，平均持有成本是0.9元，也就是基金净值只需要从0.8元反弹至0.9元，我即可保本了。

这只基金后来真的就从0.8元，一直反弹至0.95元了，我不仅保本了，还盈利1000元！

试想一下，如果当初低点没有加仓，那么即使基金反弹至0.95元，我也应该亏损500元而不是盈利1000元！

当然，我们不大可能每一次补仓都正好补到最低点，所以，如果以基金定投的方式继续补仓，那么也可以起到降低成本的作用！

而大部分普通的投资者，只要买的基金一亏损就开始怨天尤人，或者直接当一只鸵鸟不闻不问，这样等基金回本其实是需要比较久的时间的！

案例分析一

定投加码，6个月左右成功解套

一个客户在2015年6月12日（上证指数在此时创了7年新高，达到5178点）投资了10万元买了富国城镇发展基金（为了便于计算，我们假设申购费率为0），而后上证指数开始直线下跌，到20%的时候（2015年7月2日跌破4000点），基本可以确立牛熊市转换了，从市场跌破4000点（7月2日）起，开始按周进行基金定投，建议投资比率为初始投资金额的2%～3%。比如，投资2%，每周定投2000元，那么截至2015年12月31日，全部赎回，基本可以保本。

基金被套莫着急
按周定投再加码
低点加仓降成本
基金解套有妙方

5000点基金定投解套法				
2015年6月12日一次性买入富国城镇发展基金10万元				
时间	投资基金	代码	申购金额	份额
2015/6/12	富国城镇发展	000471	100,000.00	29,515.94
2015年7月2日开始每周基金定投富国城镇发展基金2000元				
定投收益				
	定投总期数	投入总本金（元）	期末总资产（元）	定投总份额
	25期	50,000.00	60,951.56	21,341.60
截止2015年12月31日客户投资情况				
总成本		150,000.00	期末总资产	145,249.13

图11-5　基金定投解套分析图

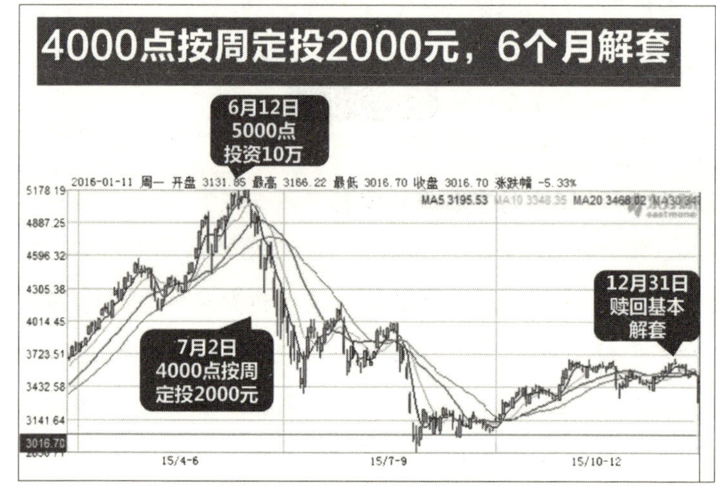

图11-6　基金解套分析图

而如果适当增加到每周定投3000元，那么截至2015年12月31日，全部赎回后，还有5700元的盈利。

基金被套后，按初始投资的3%
每周继续定投，6个月成功解套

5000点基金定投解套法				
2015年6月12日一次性买入富国城镇发展基金10万元				
时间	投资基金	代码	申购金额	份额
2015/6/12	富国城镇发展	000471	100,000.00	29,515.94
2015年7月2日开始每周基金定投富国城镇发展基金3000元				
定投收益				
	定投总期数	投入总本金（元）	期末总资产（元）	定投总份额
	25期	75,000.00	91,427.34	32,012.40
截止2015年12月31日客户投资情况				
总成本		175,000.00	期末总资产	175,724.94

图11-7　5000点基金定股解套图

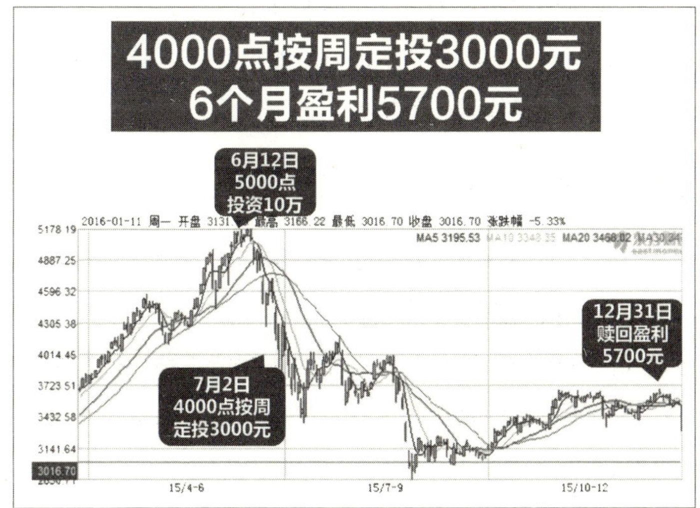

图11-8　基金解套图

所以，如上分析，5000点的基金该如何解套呢？

最好的方法就是——继续加仓！

第12章 6个月定投体验之后呢

很多朋友问，那6个月之后呢？

按照年化盈利率10%的目标，投资者赚到了钱之后怎么办？

如何回答这个问题，那就需要回到最初“我们为什么让客户做定投”这个问题上了。

我们为什么让客户做定投，因为客户以前投资体验都不好，所以我们建议客户采用定投的方式进行投资。定投是一种客户投资体验，在6个月内第一轮的投资体验中，如果达到了最初的预期，那么就说明客户的投资体验是不错的，接下来我们该怎么办？

1. 继续定投，收获第二轮、第三轮……

定投要收获，一些客户达到盈利预期后，觉得这种投资方式很不错，于是又继续定投，等待收获第二轮、第三轮……

正如我们分析的，2016年，即使股市行情震荡，指数从3600点一路下跌到3000点，但是如果采用这种方式进行投资，客户可以收获三轮的收益！

2. 客户开始大额定投了

在第一轮的投资达到盈利预期之后，我们通知客户赎回，并且告诉客户：“您看！我们3600点开始投资，现在指数点位在3100

点，虽然指数下跌了近15%，但是，通过这种方式进行投资，您的定投年化收益率却超过了10%！”

图12-1　2016年定投收益图

2016年，你可以收获3轮定投收益

富国城镇发展定投000471（周定投）				
第一轮定投	定投开始日期		2016/1/4	
	定投赎回日期		2016/4/15	
	总投入	15,000.00	总资产	16,013.71
	定投收益率	6.76%	简单年化收益率	26.37%
第二轮定投	定投开始日期		2016/4/18	
	定投赎回日期		2016/7/14	
	总投入	13,000.00	总资产	14,281.64
	定投收益率	9.86%	简单年化收益率	48.36%
第三轮定投	定投开始日期		2016/7/18	
	定投赎回日期		2016/12/7	
	总投入	21,000.00	总资产	22,003.89
	定投收益率	4.78%	简单年化收益率	12.75%

图12-2　2016年定投收益图

客户的反应基本是："哎呀！当初每周才投资300元，太少了！这种投资方式的确不错，那么点钱，我不赎回了，我要加码，做大额定投，等下一轮收益的时候，要告诉我哦！"

的确，很多客户刚开始只是抱着试试看的心态，每周拿300元来试试看，但是，没有想到虽然指数下跌了，定投却是赚钱的，于是开始认同这种投资方式，并且开始做大额定投！

图12-3 客户大额定投投资体验图

3. 开始接受定投长期投资的理念

其实，定投是需要做长期投资的，这样的收益明显会更好！

我们并不否认定投长期投资的好处，只是我们在推荐定投的过程中存在着误区，因为正如上文分析，你让客户"定投长期投资"，客户是不会认同的，如果客户不开户，那么定投所有的好处终究都是纸上谈兵！

所以，我们第一步，一定要让客户先开户，体验一下定投的好处，才可以继续和客户沟通交流！

经过第一轮的收获后，很多客户就开始认同定投这种投资方式了，也有更多人愿意接受定投长期投资的理念了！

图12-4　客户定投投资体验图

这个时候，你就可以建议客户定投放得久一些，拉长时间会有更高的投资收益！

当然，定投即使长期投资也需要中途做波段。正如定投如果能在2015年4000～5000点止盈赎回，而后继续坚持，等待下一轮牛市的收获……这才是定投长期投资的正确方式，而并不是把定投放在一边10～20年不管。

关于长期定投止盈赎回的策略，已经有很多分析了，本书不再深谈！

4. 客户又开始投资基金了

通过这种方式，可以培育很多基金定投客户。当你的定投客户基数在不断扩大的时候，认同基金投资的客户也会越来越多。当你营销其他基金，为客户推荐资产组合时，客户的认同度也会越来越高！

正如我们前文分析，市场不好的时候，不用说客户拒绝基金了，连很多新的理财经理都没有信心去和客户谈基金，而这个时候却是投资基金最好的时候。于是，我们只能通过定投这种方式，让客户重新体验基金投资！

当客户定投体验效果满意时，就会重新开始接受基金。他们会认为亏钱也许并不是基金的问题，而是以前投资方法的问题，定投是分开买，以前是一次性买入。通过这种方式，客户可以重新接受基金，自然就会有很多客户开始投资基金了！

当你的定投客户基数不断扩大的时候，对理财经理而言，未来的零售工作会变得很轻松，因为基金产品是所有零售产品中最难销售的。

5. 客户开始形成了正确的投资理财习惯

很多客户通过基金定投投资后，会把定投的结果和其他的投资方式做对比，比如，自己炒股、一次性买入基金、信托产品甚至买房等，这时客户才能真正体会到定投的优势：起点低，操作简单，省时、省心，而且收益还不差！

通过定投的投资体验，理财经理就可以开始继续为客户做资产配置，引导客户培养正确的投资理财的观念！

客户就会慢慢形成资产配置和投资理财的习惯，这也是我们最初让客户体验定投的最终目的所在！

为自己定一个2017年的理财小目标：

每周300元起，坚持定投6个月，年化10%不是梦！

图12-5　投资小目标

也许，

就是这6个月的时间，

就是这不到1万元的投资，

会改变你一生的投资理念！

第13章 如何实现“永续基金定投”

基金定投是一种适合老百姓的“懒人投资”理财方式，尤其是经历了5000点和熔断的洗礼之后，不少投资者都感慨，股市一地鸡毛，唯有基金定投赚钱，事实也是如此！

一、2015年5178点开始定投，至今仍盈利10%

我们直接用一个实例验证一下，投资者于2015年6月12日（星期五），上证指数达到这轮牛市最高点5178点时开始按周做基金定投，每周500元投资富国中证500指数基金（161017），截至2017年3月31日，上证指数跌至3200点，指数亏损了40%，而基金定投却赚了8%！

图13-1　定投收益图

所以，我们可以看出，基金定投的优势是非常明显的。可是尽管如此，但是仍有很多投资者在做基金定投时很难坚持下来，这是为什么呢？

二、基金定投优势明显，可是为什么客户无法坚持

5000点开始基金定投，指数跌到3000点，定投依旧赚钱，可是为什么客户却无法坚持下来呢？

我在基金行业从业10年，和很多理财经理和基金投资者沟通交流后发现，投资者定投无法坚持下来主要是以下两点原因。

1. 基金定投要长期投资，可是长期究竟是多长

很多客户都会问这样的问题，甚至很多理财经理在推荐基金定投的时候，自己心里面都在打退堂鼓。根据以往定投的宣传材料，基金定投至少要坚持5～10年，越长越好，20～30年更好，如果年轻人开始投资，最好坚持到退休，也就是40～50年了！

很多客户会问，长期投资究竟是多长呢？

在很多客户以前没有做过基金定投的情况下，一下子就让客户投资5～10年，甚至20～30年，大部分客户会望而却步，并且还会认为，基金定投就是一个无底洞！

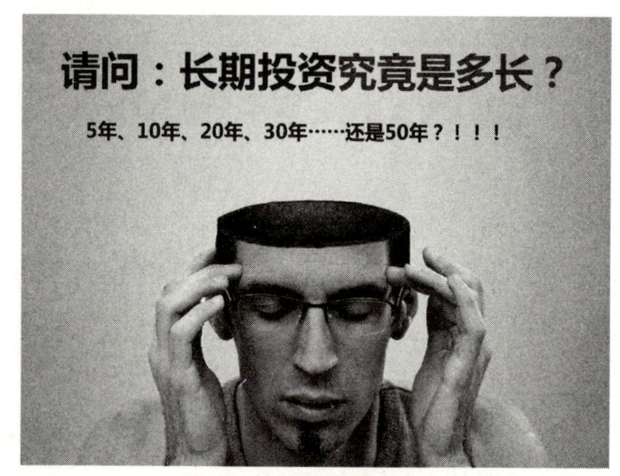

图13-2 定投究竟要多久

2. 定投扣款就像房贷一样，究竟何时才是尽头呀

很多基金定投的客户都是工薪阶层，刚开始都是抱着试试看的心态来做定投。其实基金定投的第一批客户基本上都是银行理财经理，每个月或每周定期扣款，虽然金额不大，但对很多工薪阶层的投资者而言，总是一笔支出，并且不知道什么时候才能有回报。

很多客户都和我抱怨，基金定投扣款就和房贷一样，感觉像欠了银行钱，每个月都扣，房贷还好，最长也就30年，而基金定投扣款却是没有具体期限的，还有房贷虽然扣了，但房价是涨的，我们心里还舒服一些，可是基金定投的钱扣了，往往是亏的！你叫我们怎么能坚持下来？

基金定投业务是在2005年1月，由中国工商银行借鉴台湾地区的投资经验，从而联合多家基金公司在国内首先推出的。虽然从理论上说，长期投资没有错，可是在实际操作中却很难实现！

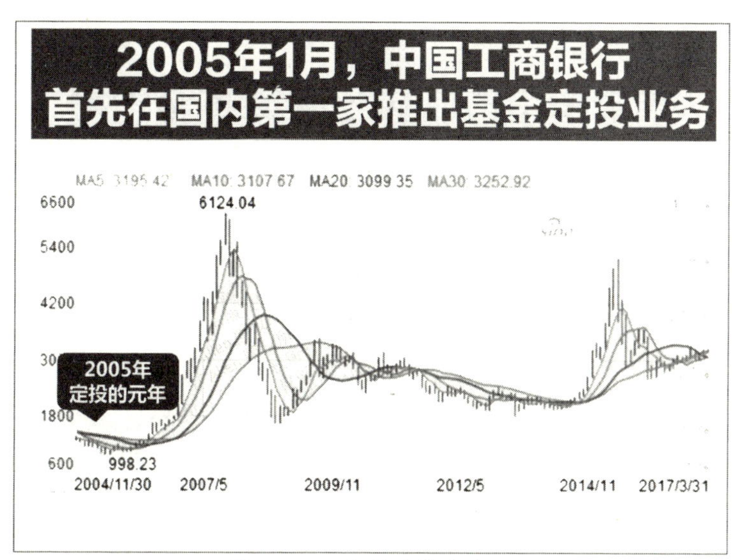

图13-3　工行推出基金定投

那么，我们如何才能让客户坚持下来呢？

基金定投长期投资究竟是多长呢？

我为大家讲述一种基金定投方法，就是“永续基金定投”，这是基金定投的自循环理论。其实真正投入基金定投后并不用坚持那么久，投资者只需要启动第一轮的基金定投，便会进入“自循环”状态，从而达到“永续基金定投”的投资模式！

三、什么是“永续基金定投”

我在基金行业从业10年，一直在研究和实践基金定投理论。经过投资实践发现，其实，投资者只要启动第一轮的基金定投，在合适的盈利点赎回，然后继续投入，便可以实现基金定投的自循环，从而达到“永续基金定投”！

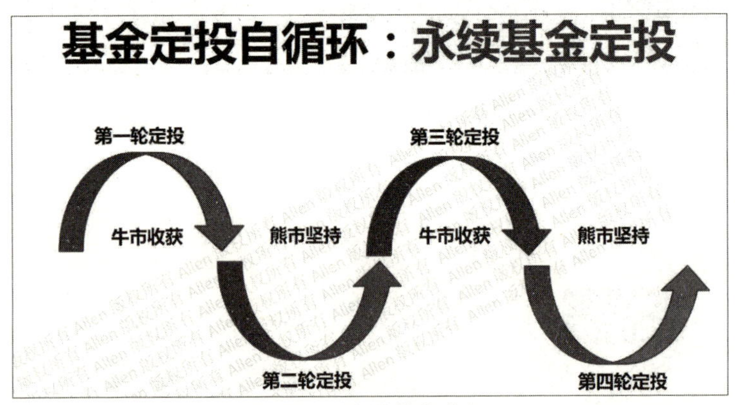

图13-4 永续基金定投

在此，我把“永续基金定投”定义为：投资者不用再投入新增资金，而由基金定投赚到的钱作为定投本金继续投入，周而复始，从而实现基金定投的自循环。

定义有点拗口，用一个案例和图示具体说明一下。

经过2009年的小牛市之后，从上一轮熊市的起点——2010年开始，按周定投富国天惠基金（161005），每周500元，而后在2015年4月初，上证指数在4000点，定投盈利达到100%的时候，赎回其中50%，赎回的50%继续作为本金投入，那么，从2015年4月开始，我就不用再投入新的定投资金，只需要等待下一轮的牛市收获即可。

其实，大家能看得出来，我真正坚持基金定投的时间只有5年，而后基本就实现了“定投的自循环”，周而复始，便达到了“永续基金定投”！

为什么“永续基金定投”是可以实现的呢？

*定投基金： 161005 输入定投基金

*定投开始日： 2010-1-1 选择定投开始日

定投结束日： 2015-4-10 选择定投结束日

定投赎回日： 选择定投赎回日

*定投周期： 每 1 周 选择定投周期

定投日： 星期五 定投日1~28或周一~周五

申购费率： 1.5 % 例如：1.5

*每期定投金额： 500 元 例如：500

*分红方式： 现金分红 红利再投 选择分红方式

开始日为首次扣款日 请根据实际情况选择

计 算　清 除

计算结果

截止定投赎回日的收益　期末总资产包括红利再投或现金分红方式取得的收益

定投总期数	投入总本金（元）	分红方式	期末总资产（元）	定投收益率
273期	136,500.00	红利再投	285,037.69	108.82%

图13-5　定投收益翻倍图（一）

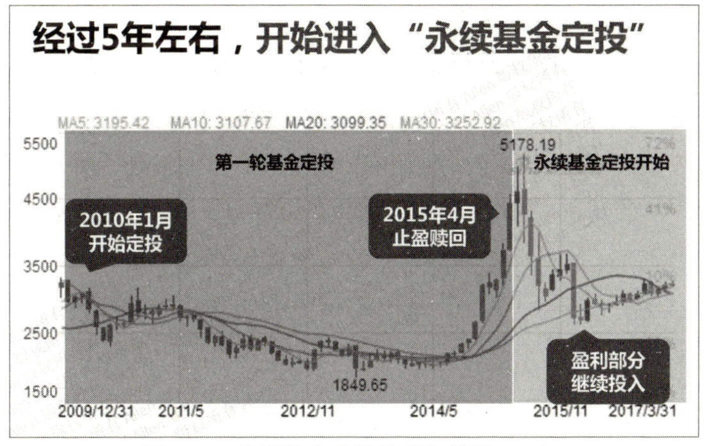

图13-6　永续基金定投收益翻倍图（二）

因为，这种投资方式是基于股票市场牛、熊市的转换，其简单的投资逻辑就是：

在牛市中赎回基金，然后将赎回的金额作为基金定投的本金，等待下一轮的牛市，牛、熊市周而复始的循环，同样基金定投也是按照牛、熊市转换的逻辑，周而复始自动循环。

其实，这也可以解决很多基金定投客户一直抱怨的一个问题——基金定投为什么不让我们赎回。

四、我们如何才能实现"永续基金定投"呢

很多客户知道后都很兴奋，原来基金定投并不用坚持那么久呀？

只要坚持投入几年时间，启动第一轮的投资之后，用赚到的钱继续投入并且熬过熊市，就能迎接下一轮牛市的收获！那么我们如何才能够实现永续定投呢？

第一步：你需要坚持至少5～6年的第一轮定投周期

你需要坚持至少一个完整的定投周期。中国资本市场牛、熊市的转换大概在5～7年，我们取中间值6年，也就是说如果你运气很差，正好从上一轮牛市的最高点开始定投，比如，2015年6月12日，那你就需要做好心理准备，至少要投资5～6年。

5～6年，其实也就是长期定投真正需要坚持投入的时间，而不是以往宣传的20～30年！

第二步：牛市止盈赎回，盈利作为定投本金继续投入

当你等到牛市的时候，基金定投有了收益，很多朋友都会有这

样的疑问，究竟基金定投收益达到多高的时候，我们需要赎回呢？

其实，这个问题是没有标准答案的，每个投资者的投资期望是不一样的，盈利点自然也就不一样，如果要实现“永续基金定投”，按照如下比率赎回是最好的。

基金定投收益达到100%，赎回50%！

也就是说，当你的基金定投收益达到100%的时候，比如，你坚持了5年，每年投入1万元，正好投入本金5万，盈利达到了100%，赎回50%，拿回本金，把盈利继续放在基金里面，而后用赎回的本金作为下一轮投资的本金继续投入，那么基本就可以实现永续定投了！

第三步：继续坚持投入，永续基金定投开始了

最后一步基本就不用投资者操心了，当你的基金定投盈利达到100%的时候，投资者已经达到了“永续定投”的触发条件，把赎回的50%继续当成本金投入，等待下一轮的牛市到来，再按照这样“盈利100%，赎回50%”的逻辑继续收割投入即可！

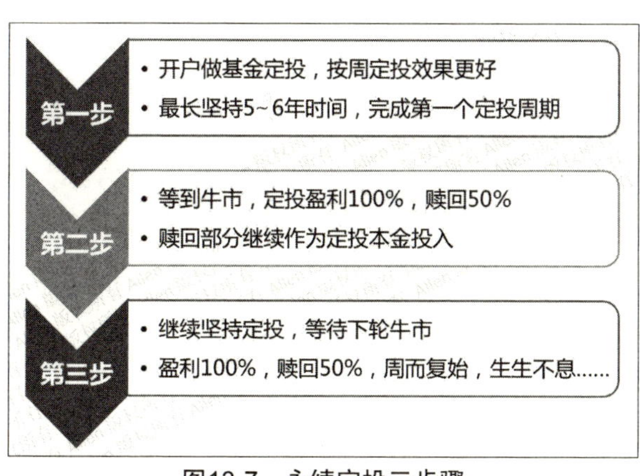

图13-7 永续定投三步骤

这个时候，很多朋友会问，我坚持了第一个定投周期并触发了“永续基金定投”，但我还有钱想继续投入怎么办？

其实很简单，就回到第一步，从第二个“永续基金定投”开始做起即可！

朋友们，定投真的不是像原来宣传的那样需要坚持投资20～30年，而是最多只需要坚持5～6年的时间，之后按照“盈利100%，赎回50%”的逻辑操作，你将能达到“永续基金定投”了！

第14章 马云的“轻定投”能否使余额宝摆脱困境

一、如日中天的余额宝，也面临着成长的烦恼

含着“金钥匙”出生的余额宝，从一开始就光芒四射，在2013年6月“钱荒”的岁月里，余额宝却能在7日里年化收益率达到7%，几乎万人空巷，一战成名！弹指一挥间，4年过去了，截至2017年6月30日，余额宝规模已达到了1.43万亿元，超过了招商银行2016年底的个人活期和定期存款总额，并直追2016年中国银行的个人活期存款平均余额1. 63万亿元。

余额宝，几乎像“神”一样的存在！

可是，盛极之下，余额宝也面临着“成长的烦恼”！

在2017年6月，蚂蚁金服开始邀请更多基金公司的货币基金入驻余额宝，同时天弘基金开始提高了申购余额宝的门槛，从5月27日零时起个人持有余额宝的最高额度由100万元调整为25万元，幅度大大高于此前“最高申购额打折一半”的传闻。

虽然余额宝的收益相比以前有了很大的提高，但似乎也开始不受马云的重视了。

为什么马云要在这个时候引入竞争对手呢？

经过4年的发展，余额宝目前已经是“独孤求败”了，看似庞

大其实背后却是危机重重！

我们就来聊一聊，余额宝的最大危机是什么，以及马云是如何来布局发展其基金业务的。

二、余额宝最大的危机是什么

在基金行业内，天弘基金是唯一一家仅靠货币基金就能够逍遥自在的基金公司，可是光靠大是不行的！

互联网思维在投资界的作用其实并不大，也许马云当初以为，只要我们能排名第一，就能够赢家通吃，可是，后来发现，余额宝排名第一之后，其他基金公司依然生龙活虎，排名对基金公司的影响似乎并不大，这是为什么呢？

其实原因非常简单，因为余额宝只是抢走了银行一部分的存款客户，而中高风险投资者对余额宝那一丁点的投资收益几乎不屑一顾，而对基金公司利润贡献最大的却都是这些中高风险投资者！

我们举个简单例子吧：

股票型基金和货币型基金费率对比表

	货币性基金	股票型基金
申购费	0	1.5%
赎回费	0	0.5%
销售服务费	0.25%/年	0
管理费	0.33%/年	1.5%/年
托管费	0.10%/年	0.25%/年

备注：
1、股票型基金参考普通股票型基金的费率标准，申购费参考100万以内的费率标准；
2、货币型基金参考普通货币型基金的费率标准。

图14-1 基金费率对比表

如图14-1我们可以看到，在目前公募基金没有业绩分成的机制中，中高风险投资者对基金公司的利润贡献是最高的，申赎股票型基金费用几乎是货币型基金的10倍！而余额宝最缺的就是如何吸引这部分中高风险投资者！

这便是余额宝最大的危机！

如上分析，余额宝目前最大的危机就是“投资转化率”！

什么是投资转化率呢？

我们给余额宝的投资转化率下一个简单的定义：所谓投资转化率，是指部分余额宝的客户从开始尝试投资低风险品种转到投资中高风险品种。

这个投资转化率是非常重要的！

余额宝并不是慈善机构，其最大的利器“T+0”的交易制度是需要巨大的成本的，因为一般的货币基金承诺是“T+2”到账的，而这两日的交易成本在资金量巨大的情况之下，并不是一笔小的费用。当年某大行为挑战余额宝也邀请了一些基金公司上线“T+0”业务，由银行先垫付资金给客户，而其垫付的资金甚至要求基金公司按照贷款利率来支付，可见“T+0”的业务，一般基金公司是玩不起的！

余额宝利用互联网思维圈粉无数，这只是第一步而已，第二步，马云当然是希望能把这些低风险客户培育成中高风险投资者，因为，只有中高风险投资者才是金融界真正的金主呀！

我们来看看仅靠基金申购赎回费就赚得盆满钵满的东方财富，其2015年净利润高达18.49亿元，同比增长超过10倍！其主要盈利均来自天天基金网的基金交易，而在天天基金网交易的客户主要都是中高风险投资者！

而同期，在2015年的牛市中，天弘基金盈利11.25亿元，但也只是同比增长了78%而已！

我们可以分析出来，牛市几乎和余额宝没有什么关系，因为低风险的客户根本不关心牛市或者熊市！

东方财富和天弘基金
2015年利润对比表

	东方财富	天弘基金
2015年净利润	18.49亿	11.25亿
同比增长	1000%	78%

数据来源：wind

图14-2 利润对比图

如今，余额宝的规模已经突破万亿元了，增长空间不会太大了，如果其无法提高投资转化率，那么，余额宝基本就已经走到尽头了！

可是，要把客户从低风险投资者培育成中高风险投资者，并不是一件容易的事情！

而这一条路，公募基金也几乎走了快10年的时间了！

银行零售条线苦心经营多年之后，才让客户明白购买股票型基金是不保本的！

在2007年股市疯狂的时候，很多投资者都还没有搞明白什么是基金的情况之下就去银行排队抢购，当年买基金的盛况绝对不亚于近几年抢楼的火爆场面，尤其是当年推出QDII基金的时候，投资者在还不知道QDII为何许物也的情况之下就超额募集了近10倍，还好QDII是有外汇管制的，不能随心所欲做大规模，最后按比例配售了。顺便说一下，当初这只超募近10倍的QDII基金也已经过去10年了，至今还亏损30%，很多投资者仍心有余悸，幸好当时按比例配售，否则更惨！

随之而来的2008年股市大跌，投资者就开始各种投诉了，当初自己排队买的产品却要求银行赔偿，很多客户在银行撒泼打滚……经过这么多年的投资教育之后，投资者终于明白，股票型基金是有风险的，连最近中国人民银行金融稳定局局长陆磊在2017年清华五道口全球金融论坛上都表扬公募基金：“在资产管理业务当中做得最为成功的，几乎不存在刚性兑付的就是过去若干年发展得非常好的公募基金，也就是在市场上的公募基金。没有哪个投资者因为今天的市值跌了去找公募基金索赔，但是在很多其他领域，刚性兑付仍然是一个大问题。”①

可是，就余额宝而言，对提高其投资转化率是最具有天然优势的！

因为，很多银行的客户其实年纪偏大，风险厌恶程度较低，而余额宝的客户却不存在这样的问题，因为大部分余额宝的客户都是年轻人，理论上而言，把余额宝的客户引流到中高风险的产品上应该是具有很大的优势的！

---

① 2017年6月4日《凤凰财经》报道《央行陆磊强调打破刚兑：公募最成功，跌了没人索赔》

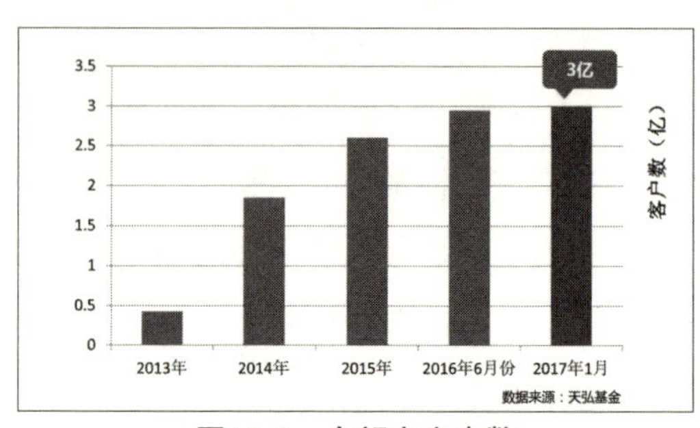

图14-3　余额宝客户数

应该如何引流呢？

我们来看看，马云第二步棋是如何走的？

三、基金“轻定投”，能否挽救余额宝

如何培育余额宝的客户并让他们尝试投资中高风险的基金产品呢？

第二步，马云推出了基金“轻定投”！

何为“基金定投”，为什么是“基金定投”呢？

所谓基金定投，是定期定额投资基金的简称，是指在固定的时间（如每月8日）以固定的金额（如500元）投资到指定的开放式基金中，类似于银行的零存整取方式。

基金定投也称为“懒人投资理财”，因为普通投资者很难适时掌握正确的投资时点，常常可能是在市场高点买入，在市场低点卖出。而采用基金定期定额投资方式，不论市场行情如何波动，每个月固定一天定额投资基金，由银行自动扣款，自动依基金净值计算可买到的基金份额数。这样投资者购买基金的资金是按期投入的，投资的成本也比较平均。

相比银行的基金定投业务，余额宝的“轻定投”也同样具有很多独特的优点。

1. 定投起点最低

起点至少需要10元起，这对银行来说几乎是必杀技，现在银行对基金定投起点基本是在100元，而且考核理财经理的有效基金定投户，起点金额基本也在300元，而“轻定投”直接降到10元，这无疑可以让更多的投资者进行尝试。

2. 操作简单

用余额宝进行“轻定投”几乎就是傻瓜操作，连需要建议投资的基金蚂蚁金服都挑选好了，直接一键申请开通即可。

相比银行的基金定投业务，轻定投具有起点低、操作方便等优势，而且，余额宝已经培育了那么多基金投资客户，因此，轻定投具有更大的客户基础，那么，我们一起来看看马云“轻定投的第一季”是如何做的？

图14-4　基金轻定投

第一步的尝试：投资债券基金

在2016年底，马云推出了“轻定投第一季”。在“轻定投第一季”的宣传中，并不是像其他基金公司一样一直宣传投资股票型基金，而是宣传投资债券型基金！

这几乎让很多基金同行大跌眼镜，为什么呢？

因为在很多银行和基金公司考核中，只有投资股票型基金才能算“定投有效户”，而投资债券基金，则属于“无效户”！

而为什么马云却让客户定投债券基金呢？

图14-5 轻定投第一季：定投债券基金

罗马不是一天建成的，培育客户也是不能着急的！

余额宝的客户投资货币基金，基本就是为了“保本、保收益的”，要让他们直接投资风险很高的股票型基金，大多数人在心理上是很难接受的，于是债券型基金就是一个很好的投资品种和承接的桥梁！

正如蚂蚁金服副总裁、财富事业群总经理黄浩表示：“我们要做的事情，就是和金融机构一起，在无风险的存款和高风险的炒股之间，为大众理财用户凿出一条阶梯式的理财进阶之路。”

与此同时，蚂蚁金服官方还提到，未来将会视投资人需求而增加股票型基金。其实，就是指投资者如果可以承受一定风险，还是会增加股票型基金的。

其实，对很多没有投资过基金的客户而言，适当引导他们投资一下债券型基金，也是一种很好的方式！

基金定投是一种客户体验，本来客户买基金的投资体验是很差的，但是通过基金定投的方式可以让客户曲线再投资基金。如果客户很难接受高风险的偏股型基金，那么就先让他们投资风险相对较低的债券型基金，虽然收益不高，但是相比偏股型基金，风险相对较低；相比理财产品，定投几个月的债券型基金，收益也不会太差。这样根据客户的需要，再加配一些权益类资产在里面，慢慢引导、培育客户，就可以使他们重新接受基金定投，并且也可以使新的理财经理更有信心和经验！

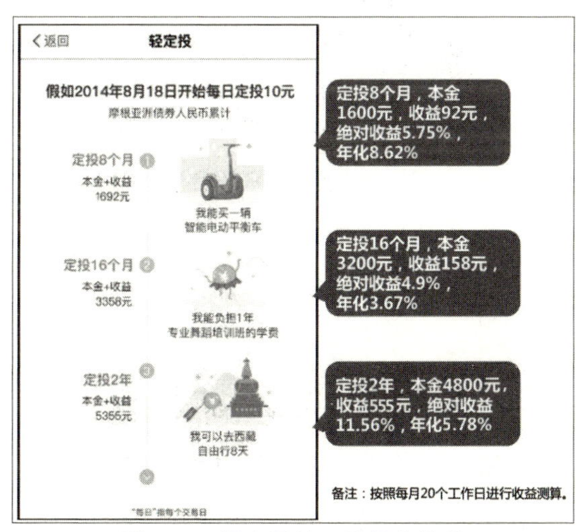

图14-6 轻定投第一季投资收益

但是，一定要记住，定投债券基金绝对不是长久之计，投资几个月后，有收益，就要开始引导客户转向偏股型基金，这才是定投的目的所在！

第二步的跟进：投资偏股型基金

果不其然，从第二季“轻定投”开始，投资者就可以投资偏股型基金了，虽然我们无法从数据方面来了解第一季有多少人参与了轻定投，但是我们可以从公开报道中了解到，[①]在2016年9月8日，支付宝的“兄弟”蚂蚁聚宝，推出了一个10元理财神器——轻定投，在其一键启动之后，就能每天（指每个交易日）自动投资10块钱。适合小额、没经验、没时间，又想获得比余额宝更高收益的大众投资者，仅上线一天多，就有近10万人抢先尝试“每天10元”理财。

图14-7　轻定投第二季：定投股票基金

培育了这10万名客户之后，第二季就开始推出偏股型基金了！这也正是蚂蚁金服的理念：一步一步培育客户！

---

① 2016年9月8日搜狐网报道《1天时间，10万人尝试蚂蚁聚宝的10元“轻定投”》

试想一下，如果这10万名投资者在银行做定投，每个月定投300元，那就是3000万元的净申购呀，在目前偏股型基金发行都很难成立的情况之下，3000万元的销量可不是一个小数字呀！

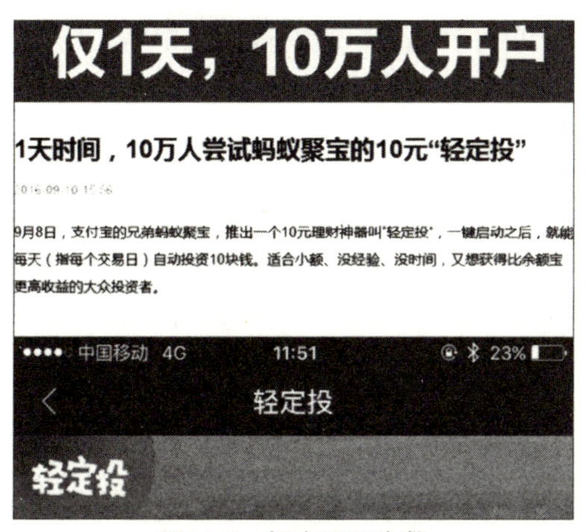

图14-8　轻定投开户数

何况余额宝还有那么多的客户尚未开发，如果能有10%的客户开始“轻定投”，而后慢慢在余额宝上面配置债券或者股票型基金，这才是“轻定投”真正可怕的地方！

四、银行更新系统，开始反击余额宝“轻定投”

这一次，马云推出“轻定投”以后，银行没有像当年推出余额宝一样坐以待毙了，而是主动升级系统进行反击！

在金融界流传这样一句话：“得基金定投者得基金，得基金业务者得零售，得零售业务者得银行，得银行者，则可得天下也！”

面对着汹涌澎湃的互联网金融、微信支付、支付宝等挑战，未来银行的发展必然是“机构业务投行化，银行业务零售化”，谁能抢先占领零售业务，谁就可以在未来激烈的金融竞争中立于不败之地。比如，招商银行，多年来一直在零售行业深耕细作，其零售业务的创新、品牌和口碑也一直引领着银行系统零售业务的发展，甚至连“四大行”都是其追随者！

在银行零售业务板块中，最难啃的骨头便是基金业务，只要能把基金业务做好，就没有做不好的零售业务；而在基金业务中，最难的又是基金定投业务，只要能把基金定投做好，把基金定投的客户培养起来，天下，就没有难卖的基金了！

如果，将来银行连基金销售业务都被马云等抢走了，那么银行真的可以关门了！

对于基金投资客户而言，没有再比银行更为了解他们的了，面对着马云推出的基金“轻定投”，银行该如何反击呢？“轻定投”又存在着哪些巨大的漏洞呢？

从“轻定投”的第一季和第二季来看，慢慢培育客户的步骤是没有错的，然而，在这个时候推出“轻定投”第二季，从其投资效果和目前的关注度来看，似乎并不理想。

图14-9　轻定投广告

近期余额宝收益又开始飙升了，快接近5%了，可是A股市场却一路下跌，想必在这个时候尝试定投的投资者就更少了！

那马云该怎么办呢？

其实不难，正如我们上文所分析的那样，定投本身就是一种投资体验，而且“轻定投”的目的一开始就非常明确，就是慢慢培育余额宝的客户。从低风险产品开始配置再到中高风险产品，这时就需要给客户一个大概的时间段，大约需要投资多长时间，盈利预期是多少，这样可能就有更多客户愿意尝试了！

既然要吸引客户来体验投资，那么就需要帮助客户能够及时止盈赎回！而对于初次尝试投资的基金客户而言，你让他们定投5～10年，基本上是没有人愿意的！①

尤其是“轻定投”，以吸引余额宝的客户为主，所以，最初基金的预期收益只要略高于余额宝就可以了。由于A股市场存在着很大的波动性，而每一轮的波动，基金定投都会有一定的收益，这个收益年化率一般都能超过10%。如果能给客户设置一个止盈点，比如，当定投收益率超过5%的时候就提醒客户或者直接帮助客户止盈赎回，那么客户体验一定是很好的！

这个收益率能不能达到呢？需要多长时间才能达到呢？

我们不妨用“轻定投——第二季”这只产品来做一下测试，分别选取市场最高点2015年6月12日和熔断前2016年1月4日开始投资，看看客户如果在这两个时间点开始定投，能否在短时间内盈利5%以上？

---

① 陈曙亮《基金定投是投资体验》中分享“定投最大的误区之一是长期投资”。

*定投基金： 340007 输入定投基金

*定投开始日： 2015-6-12 选择定投开始日

定投结束日： 2015-12-18 选择定投结束日

定投赎回日： 选择定投赎回日

*定投周期： 每 1 周 选择定投周期

定投日： 星期五 定投日:1~28或周一~周五

申购费率： 0.15 % 例如：1.5

*每期定投金额： 100 元 例如：500

*分红方式： 现金分红 红利再投 选择分红方式

开始日为首次扣款日 请根据实际情况选择

计算 清除

计算结果

截止定投赎回日的收益 期末总资产包括红利再投或现金分红方式取得的收益

定投总期数	投入总本金（元）	分红方式	期末总资产（元）	定投收益率
27期	2,700.00	红利再投	3,003.08	11.23%

定投收益率 11.23%

备注：
1、收益测算采用按周定投的方式，从统计学角度分析，按日定投收益大概率比按周定投收益更好；
2、申购费率采用“轻定投”1折费率优惠的方式进行计算收益测算；
3、数据来源：东方财富网。

图14-10 5178点6个月定投图

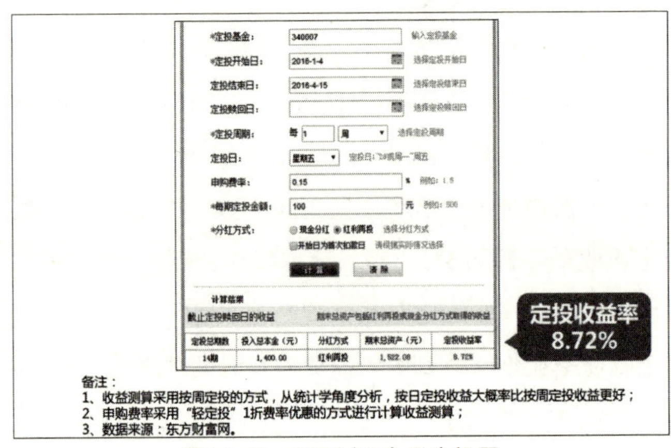

*定投基金： 340007 输入定投基金

*定投开始日： 2016-1-4 选择定投开始日

定投结束日： 2016-4-15 选择定投结束日

定投赎回日： 选择定投赎回日

*定投周期： 每 1 周 选择定投周期

定投日： 星期五 定投日:1~28或周一~周五

申购费率： 0.15 % 例如：1.5

*每期定投金额： 100 元 例如：500

*分红方式： 现金分红 红利再投 选择分红方式

开始日为首次扣款日 请根据实际情况选择

计算 清除

计算结果

截止定投赎回日的收益 期末总资产包括红利再投或现金分红方式取得的收益

定投总期数	投入总本金（元）	分红方式	期末总资产（元）	定投收益率
14期	1,400.00	红利再投	1,522.08	8.72%

定投收益率 8.72%

备注：
1、收益测算采用按周定投的方式，从统计学角度分析，按日定投收益大概率比按周定投收益更好；
2、申购费率采用“轻定投”1折费率优惠的方式进行计算收益测算；
3、数据来源：东方财富网。

图14-11 3600点3个月定投图

从数据测算来看，无论是5178点开始做，还是熔断前开始做，在6个月的时间内，基本盈利率都有机会超过5%，年化率远超过10%，这个时候让系统自动提醒客户或者直接给客户赎回，那么客户体验无疑是很好的，在这样的情况之下，客户就更容易培育起来！

对于基金投资客户而言，没有再比银行更了解他们的了，银行零售条线可是经过近10年的时间才把这些投资客户培育起来的，并不是马云在一夜之间就能够抢过去的，而且，面对着马云的“轻定投”，银行这次没有像当年余额宝推出时那样手忙脚乱了，而是及时更新了系统，保护了基金投资客户！

为了帮助客户止盈赎回，现在很多银行系统纷纷在基金投资中加入收益提醒设置，用来维护客户，比如，招商银行就设置了收益率提醒，而建设银行则设置了基金净值提醒！

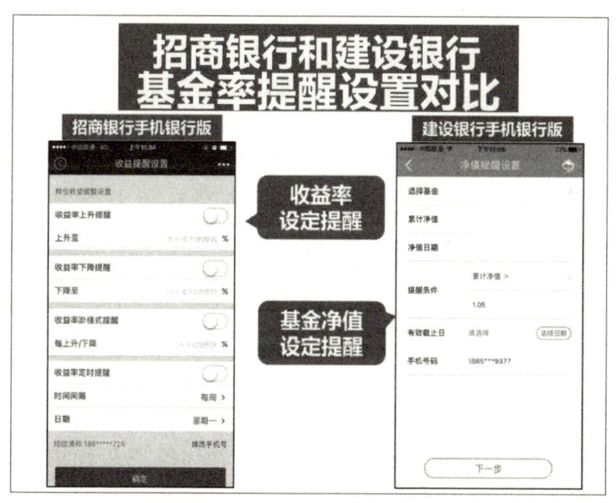

图14-12　基金收益提醒图

然而目前，做得最好的是农业银行的基金系统，图14-13是农业银行2017年6月才刚刚上线的系统，其基金收益率的提醒非常简单明了，可以设置“止盈提醒”，也可以设置“止损提醒”，这样客户在投资基金尤其是尝试基金定投时，就能为自己设定一个合理的“止盈点”，比如5%～10%，能够及时止盈赎回，客户的体验必然是很好的，这些客户也就慢慢被培养起来了，可以投资中高风险的基金产品了！

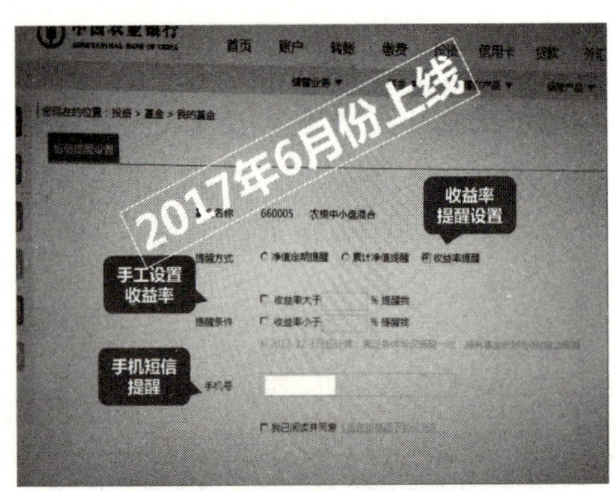

图14-13 农行系统提醒图

基金定投是培育基金投资客户最好的方式，马云推出“轻定投”也是为了培育余额宝的客户能够转向投资中高风险的基金产品，而银行也在及时更新系统，进行反击！

当然，基金“轻定投”还并不完善，甚至存在着很大的缺陷，我们也希望，“轻定投”能够不断地迭代更新，这样，于投资者而言，我们又多了一些更好的选择投资的工具。

余额宝能否靠“轻定投”来提高客户的投资转化率，从而走出“成长的烦恼”呢？

让我们拭目以待吧！

第15章 金融从业者如何提升时间管理和自我学习的能力

场景一：

“领导，我们部门的人非常辛苦，经常加班到很晚。”

“为什么他们总加班呢？是不是能力不行，其他部门都没有加班，为什么他们老加班，你要注意一下，如果是能力不行，那可能要换一下！”

…………

这是我亲身经历过的一个场景，某个部门的领导想向我们副总裁邀功，可是没有想到副总裁竟然是这么回答的，当时我也感到很震惊！

我想大家对这种情况都不会感到陌生，尤其是在国内一些国有企业中，似乎只有加班才能成为一种能力的表现。其实，并不是所有的领导都鼓励加班，你只有提高效率尤其是自己要加强对于时间的管理才能更有效地胜任工作！

我毕业后的一份工作是在中国石化总部上班，那绝对是“国企中的战斗机”了，其实那个时候上班基本没有什么事情，但是大家都不愿早走，尤其是我们年轻人，最好都要加班，越加班越是一种能力的认可，越能得到领导的认同。后来，我离开了中国石化，到一家外企上班，情况却完全相反了，在这家世界500强外企的中国总部，我发现，能力越强的人下班越准时，而往往是业绩不好的同事才天天加班，似乎总有干不完的活，而且越加班就会对工作越抱怨，越抱怨，工作就越做不好，反而形成了恶性循环；而那些准时下班的同事，觉得工作很有意思，也不会影响他们的生活，所以上班的时候越集中注意力，效率越高，就越能准时下班，就越喜欢工作，从而形成了良性的循环。

那时，我被深深震撼住了，于是，我开始向这些优秀的同事们学习。那个时候，外企对一些管理的培训相比国企而言更多一些，同事们也很开心和我们分享他们的方法。这个时候，我就开始接触到一些时间管理方面的内容，刚开始觉得很有趣，当我也开始学习这些方法之后，并且付诸实践，我发现无论什么工作，只要适当采用时间管理的方法，稍微结合一下实际工作情况，都能平衡好工作和生活！

比如作为一个基金渠道经理，时间既相对自由同时又对时间管理要求很高！

所谓时间相对自由，就是大部分的渠道经理因为都要拜访客户，所以不用像其他员工一样每天朝九晚五需要打卡，所以时间相对自由，但是，这并不意味着对时间要求不严格了，因为基本每一家公司对渠道经理的每天拜访客户数量是有要求的。如果你没有办法达到一定的数量，那么长此以往，工作肯定做不好。而且，渠道经理除了白天需要拜访客户以外，晚上还需要对一些文案工作进行处理，比如，做培训的PPT；一些公司内部的工作也需要处理；渠道经理还需要不断充电，关注市场行情，阅读研究报告等。如果渠道经理无法平衡白天的拜访和日常这些文案工作的处理，那么基本拜访完客户后，晚上回去肯定还得做很多事情，而且有时候，客户往往需要一些数据分析产品情况说明等，而这些资料又是具有一些比较个性化的需求，需要渠道经理自己整理，所以管理好自己的时间就非常重要了！

在整理资料信息的时候，我会用番茄时间管理方法，尤其是有了智能手机之后，设定20～25分钟的番茄时间，集中注意力整理一下资料。下班后，最多有2～3个番茄时间，就能把一些日常汇报工作资料等整理完毕。

番茄工作时间：番茄工作法是简单易行的时间管理方法，是由弗朗西斯科·西里洛于1992年创立的一种相对于GTD更微观的时间管理方法。

使用番茄工作法，选择一个待完成的任务，将番茄时间设为25分钟，专注工作，中途不允许做任何与该任务无关的事，直到番茄时钟响起，然后在纸上画一个X短暂休息一下（5分钟），每4个番茄时段多休息一会儿。

番茄工作法极大地提高了工作效率，还会有意想不到的成就感。

对于研究报告，我一般都是在上午的时候阅读，公司一般有晨会，这个时候就可以一边阅读研究报告一边参与，很多研究报告需要在上午读完，因为只要一去拜访客户，客户必然就会问一些最近的市场热点等，如果没有准备好，那么一问三不知，必然会降低你在客户心目中的专业性。

其实，对理财经理和客户而言，如果和一位刚刚毕业的，没有自己的观点，甚至对自己的产品都不熟悉的渠道经理沟通交流，也是在浪费他们的时间。有很多银行领导和理财经理和我说，他们基本上不见刚刚参加工作的渠道经理，因为没有观点没有建议，和他们聊天简直就是在浪费时间！

这不由让我想起了，其实在几年前，对渠道经理的要求是很高的。记得当时我有几个同事都是券商营业部的老总过来做渠道经理的，如果是刚刚毕业的，有很多公司都要求，至少先去基金公司的客服部（比如嘉实基金等）做一年以上的客服，表现不错的才能够转来做渠道经理。这和银行的理财经理要求是一样的，如果没有几年柜台的经验，基本没有哪一家银行敢把一位刚刚毕业的年轻人放到理财经理岗位上。

可是，如今，由于基金行业的跨越式发展，而且多年熊市的折磨在一定程度上导致了人才的流失。现在很多基金公司的渠道经理基本上就是一位马马虎虎的客服人员，甚至很多连客服人员都不如，这就不奇怪，为什么很多渠道经理无法得到渠道的认可！

场景二：

“领导，我们部门的小王拜访渠道的时候特别辛苦，那边交通不便，要先从北京坐飞机到A城，然后改为火车到B城，再坐7~8个小时的大巴车，之后改乘摩托车才能到渠道那边培训，小王这样的渠道经理真是值得我们学习呀！”

“小王这样的渠道经理直接给我开除掉！”

……

“对于一个基金渠道经理而言，公司每天花在他们身上的成本至少有1000元，他每天的时间是有限的，浪费这么多时间去见那样的客户有意义嘛？去那种鸟都不拉屎的地方培训有意义嘛？那边客户能带来多少基金销量？下次再有这样严重浪费公司资源的渠道经理，不用向我汇报，直接开除掉！”

如上是一个真实的案例，而且我已经不止一次看到有一些中层领导通过这种方式向高层领导邀功，这样的中层领导基本都是平庸之辈，而如果高层领导也被这种汇报糊弄住了，那么这种高层领导基本上就是没有做过前线的，这家基金公司的销售部基本就是没有战斗力的！

而如果是真正有前线经验的领导一听如上的汇报，其震怒就不足为奇了！

基金公司的渠道经理，有时候要负责几个省份或者一个大省的，每周工作5天，出差往返公司例会等，至少要扣除掉1天的工作日，真正拜访渠道的时间只有4天，大概32个小时，在这宝贵的32个小时里面，每一位渠道人员都应该有一张战斗地图，清楚地分析出哪一个重点渠道需要重点突破，而哪一些渠道可去可不去，甚至哪些渠道，根本不用去，最多就打打电话沟通一下即可。

基金渠道经理所做的事情，用一个词来说，就是“借力打力”。一个省就一个人负责，我们根本不可能像保险公司一样采用人海战术去覆盖网点，一定要找到最关键的点，集中突破，以点带面，来调动全局的销售，而不是乱跑瞎跑！

我举两个例子来说明一下。

某市行大概有60个网点，其基金销售决策权基本由市行个金部决定。总行重点下来，省行做第一步的选择后，接下来，重点推荐就由一级支行直接决定。由于这个市行体量相对较小，不大可能所有产品都做，因此，每一次市行都会重点挑选2～3只基金销售。

了解到这样的情况后，非常明显，渠道经理的工作重点，应该全部都放在分行个金部的沟通上面，并且应该谨慎考虑是否要去跑网点，因为有一些分行个金部非常忌讳去跑网点的。这种情况和“北上广深”等城市是完全不一样的，一些渠道经理不知道，就直接跑去网点，更有甚者，就直接开价给网点的理财经理，这种销售方法其实和前几年信托产品的“飞单”是很像的，但也是很不可取的，因为绕开分行决策部门直接去找网点会存在很大的风险，很多基金公司会因此被分行封杀掉，尤其在一些销售能力很强的分行，比如，闻名遐迩的广州工行，如果有基金公司私底下去和网点理财经理沟通，一经发现，基本全部封杀！

另外一种情况，分行个金部会相对弱势一些，而下面网点的理财经理相对比较专业，能起到一定的“带头”作用，这个时候，渠道经理的工作不仅要做好分行面上的沟通，还要做好网点和理财经理的沟通。这样的理财经理往往比较资深而且也比较专业，如果他们认同你的产品，那么就能起到“带头销售”的作用，而后其他的理财经理就会跟进，进而达到“以点带面”的效果！

还有一种情况需要注意：你需要分辨出这些理财经理是否真正具备专业性和职业道德，是否能真正起到“带头销售”的作用。在任何时候，“水货”都会存在，并且这样的水货还不少！

曾经有一家分行，其个金部基本不管基金销售，任由网点理财经理和基金公司沟通。其实这样的分行基金销售能力是很差的，因为没有办法形成凝聚力，自然销售就很差，在这样的情况下，某一两位理财经理就“山中无老虎，猴子称大王”，对一些新的渠道经理拍胸脯吹牛甚至“坐地起价，要现金”，而且，他们基本没有什么销量，因此，对于这样的理财经理一定要避而远之，千万不要为了一时的销售而去和这样的理财经理沟通。

在去拜访渠道之前，我们一定要想清楚，提早做好功课，应该把时间花在哪个渠道上，该去拜访哪位领导，而不是为了汇报给领导看，就随便走访几个网点，这是没有意义的，因为你一周真正能拜访客户的时间最多只有4天，如果没有办法以质取胜，那么一定是在浪费时间。

所以，作为渠道经理，请别浪费时间在拜访渠道上面，80%的销量只来自于20%的渠道！

那些牛市当中，为你卖几个亿元基金的渠道，在熊市可能100万元都卖不出来，这样的案例比比皆是！在2015年中，1天就卖几亿元的某北上广的银行渠道，时隔半年，在2016年1月份熔断后，再卖偏股型基金，连100万元都卖不出来！

真正有销售实力的渠道，一定是在熊市中能帮你卖基金的，而不是那些牛市中卖几个亿的渠道。你真正需要花时间的，一定是在维护这些熊市中能卖基金的渠道，而那些牛市中卖几个亿的渠道呢？说实话，你就打打电话发发微信，他们在熊市中一样会卖那么多的，你去和不去区别不大！

场景三：

“明天有空吗？来给我们做一场培训活动呀？”

“不好意思，我未来半个月都预约满了，下次培训的时候，麻烦提早和我说一下。还有，我一般周二到周五比较有空一些。”

“为什么是周二到周五呢？”

“因为，如果是客户活动，周二到周五培训，很多客户可以现场开户呀！”

“哦，好的，那下次我们提早预约！”

刚开始的时候，我们经常会碰到这种培训需求，于是我们很多时间都是被安排的，其实银行做这种培训活动有一部分只是为了拍照需要，谁去露个脸似乎都无所谓，而另外一些活动则是实实在在的客户活动，这些活动往往需要长时间去做准备，至少需要提早一周就开始安排场地、邀约客户等，而这样的活动质量也会很高。

我刚刚开始做基金渠道经理的时候，其实也和大家一样，如果银行有培训需要，我就尽量协调自己的时间去满足银行的需求，什么时候邀约都可以，然而这样的活动效果很差，而且最后会变成，银行觉得你好安排，就把一些很难邀请到人的培训活动安排给你，比如，一些比较偏远的地区或者一些就是为了拍照需要的活动，甚至，有时候银行还把这类活动当成是对你的“恩典”。

后来，我开始慢慢学会说“不”了，我一般会提前一周就把下周的工作安排计划好。比如，下周去哪里出差，我会提前给当地的一些主要银行渠道打电话，告诉他们我要过去。这个时候，反而有很多银行渠道听说我要过去，甚至会主动邀请我去做培训。

而一些临时性的培训需求，主要是没有提早一周邀约的，我一般很少去，并告诉银行渠道由于培训安排得比较满，可能要推到下一周。我刚开始还有点担心这样回答以后会不会就没有人邀请我去讲课了？可是后来却发现，提前和银行渠道沟通，反而培训更多，而且培训的场次质量更好，效果更好，导致后来，我不得不每周限定培训的次数，因为培训多了，我就没有时间做一些日常性的拜访工作了。而且，银行知道了需要提前和我邀约时间，往往就会把最好的培训，比如，到公司企业客户中去做培训的活动安排给我。

作为基金渠道经理，要有很强的时间管理经验，要让银行渠道慢慢适应你的时间安排，不然被临时安排去做培训，既浪费时间又耽误其他日常工作，所以，学会说“不”就变得非常重要了！

场景四：

“Hi，好久不见，你去F城出差干什么？”

“见客户呀！”

“客户要买产品吗？”

“没有呀，客户即使没有买，我们也要经常去拜访他们呀。”

“啊，不买产品，那去和客户聊什么？我们只有客户要买产品的时候才去，要不没有什么可以聊的！”

“哦！我们可能和你们IBM不太一样，虽然不买产品，但客户还是挺喜欢和我们聊一聊的。”

有一次，我坐动车去F城出差，车上碰到了一个在IBM工作的朋友Tom，他也常去F城出差。他和我一样是做市场的，他们要推一些新的产品，看看客户有没有购买意向，而我则是例行日常拜访。F城是省会城市，平时每隔几天我都要去一趟，拜访一下省行以及一些重要的一级支行。

Tom了解我去F城的目的后感到非常奇怪，因为平时如果客户没有明确需要，他们是不会去拜访客户的，觉得没有什么可以聊的！他认为我们这样的走访无疑是浪费公司资源。

后来，我想了一下，其实行业不同，做市场是有很大区别的，尤其是金融行业又和其他传统行业不一样，金融行业乃万业之首，任何一个行业的发展都离不开金融行业，大到政治，比如，美国总统大选当天，美国股市大幅震荡，甚至美股期货直接熔断了；小到我们的日常起居，比如，春节的时候大家都去追捧《美人鱼》这部电影等，票房创了新高，节后股市的娱乐板块就立刻反映出来了。

所以，从事金融行业的人几乎都是个通才，上通天文，神州发射，天空翱翔，航天军工板块走强；下晓地理，钢铁煤炭页岩气等，有色必然会有反应；前知两百年，且话说华尔街最初的时候就是在一棵树下一群人的交易，而后股市百年震荡人性博弈，太阳底下没有什么新鲜事；后知百年，一带一路，中美博弈，人民币汇率走向国际化，未来世界，谁主沉浮……

这些还远远不够，你还需要知道最高精尖的科技，屠呦呦拿下诺贝尔医学奖对医药板块有什么影响……天呀！林丹出轨了，对哪一些上市公司会有影响……宝万之争，背后的博弈是什么……

了解这些还是远远不够的，你不能只关注中国，还需要放眼全球……

美联储何时加息……

特朗普上台后，中美关系如何……

英国脱欧有什么影响……

意大利公投的黑天鹅……

……

看到了没有，在任何一个行业只要蝴蝶扇一扇翅膀，立刻就能在股市上引起一阵飓风，而飓风背后又是资本的博弈，可能带来机会，也可能带来风险……

所以，作为金融行业的从业人员，从某一方面而言，就会很累，和IT行业等传统行业几乎不一样，你可能会很愤怒，IT行业不也是更新换代很快吗？似乎如此，其实不然，我们用的电脑其实就那几个主要部件——硬盘、CPU、内存等，几十年来几乎没有变过，你总不能天天去和客户聊硬盘内存条吧。可是金融行业不一样，你每一天都需要有新的内容和分析判断与客户进行沟通交流，所以持续性的学习是不可少的，虽然比较辛苦，但是也可以让你保持年轻和与时俱进的心态！

场景五：

“我和我妈说，我将来退休之后还要卖基金，
我就喜欢这个，难道我退休后只能去跳广场舞吗？”

我坐在晓梅的面前，她是这家银行最优秀的理财经理，她获得的证书奖励很多，但从来不放在办公桌上，她说她不喜欢这些东西，她一头短发，红扑扑的脸上一直面带微笑，和人说话的时候语速不快，但似乎能穿透你的心灵，给人一种很温暖沉稳的感觉！

她在银行服务应该有20年的时间了，经历了多轮牛熊市的洗礼，其实她完全可以胜任银行内更高的岗位，可是，她似乎与世无争，只想安静地做一个美丽的理财经理！

我一直很喜欢和像晓梅这样的理财经理接触，她们其实更像是我的老师一样，每次和她们聊天我都能收获很多东西，而且，我发现，真正优秀的理财经理年轻人很少，因为年轻的理财经理太心烦气躁，他们只把卖基金当成是工作，而晓梅她们不是，她们把卖基金变成了她们真正的兴趣和爱好，当成了她们的事业！

这个兴趣爱好，这项事业，可以让她们几乎与世无争的不去参与银行内部的竞争，而心如止水的做好她们理财经理的工作，甚至，她们还憧憬着退休后继续坚持和执着并且快乐地卖基金。

“你知道吗？前天，我看了巴菲特的股东大会特别震撼！”

“怎么啦？好像每年都区别不大……”

“不是的，我问问你，如果让你连续开6个小时的会，你会怎么样？”

“6个小时？我会睡觉！”

“而一位85岁高龄的巴菲特和一位93岁高龄的芒格，参加了6个小时的回答提问环节，思路还那么清晰，回答还那么幽默……你想一想，我们身边80~90岁的老人基本都得老年痴呆或半身不遂了！”

“哦！你说的也是，你的意思是，炒股让人更长寿？那应该是在美国吧？在中国，可能相反。”

“不是呀！我觉得在中国，买基金让人更长寿！”

“这个，还需要论证一下，至少目前看来似乎不是。”

“不是，你稍微想一想，巴菲特他们为什么思路那么敏捷清晰？”

“因为，他们钱多嘛！”

“我觉得是他们一直在思考，脑子一直在转，越思考思路越清晰！你想一想，要炒股要买基金，每天都要关注各种各样的新闻，中东打仗了，我们要关注；英国脱欧了，我们要关注；美国加息总统大选了，我们要关注；天宫二号、歼20，我们要关注……连看电影，我们都要想一想，这部电影是哪一家上市公司拍的，是不是娱乐板块又要火了！所以，我觉得，脑子越思考就越灵活！我将来退休之后，还要继续买基金，这样才不会得老年痴呆症！”

“你说的好像有点道理哦，买基金还可以预防老年痴呆，这算是副作用嘛。”

“算疗效吧！要不退休后干什么？退休后买点基金，就会继续关注整个市场，各种新闻，甚至最新出来一些高科技都要关注，比如，VR、OLED、无人驾驶等，这样才不会和社会脱节，才不会得老年痴呆呀！所以，我一直把卖基金这份工作当成一辈子的事业来做，因为退休之后，我一定还会继续投资基金的！”

那一刻，我被深深地震撼了！

是呀！

投资基金这件事情，我们退休之后都还会继续做的，虽然我也才入行十年而已，但是，我们自己扪心自问，投资基金不是我们一辈子都会参与的事情吗？

所以，无论你是在基金公司还是在银行，你目前所做的投资理财的事情，在你退休之后都会再继续做下去的，你现在的这份工作，不是为了完成任务，不是为了给领导看，而真是为你自己做的，真正是你一辈子所要从事的事业！

其他行业的工作，哪里有像我们这样，退休之后还会继续做呢！

如果你明白了这个道理，

你就知道，从事一份和投资理财相关的工作，比如，基金渠道或者银行的理财师，不仅仅是一份简单的工作，而是你一生所要坚持的事业！

第16章 最优秀的金牌理财师是如何炼成的

场景一：

“我们理财经理要调整，可能我要去其他网点，如果调整，我就不想做了，想辞职！”

“你辞职后，回家干吗？”

“也没有什么事情做！就是觉得我已经在这个网点那么久了，要调去其他网点，得从头开始，就不想做了！”

“何必呢！你在银行这个平台多好，帮客户理理财，顺便也管好自己的那点小钱，我们还可以愉快地聊聊天！回家多无聊！”

“你说的也是哦！其实如果不做投资，不卖基金我也不知道干什么……”

小芳是我遇到的最优秀的理财经理，不是之一，就是最优秀的！

她说话很真诚，虽然她未必是基金卖得最多的，说实话，当我在B基金公司的时候，她几乎没有卖过我们公司太多的产品，但是后来事实证明，她是对的！她有非常丰富的阅历，几乎被这家国有银行总行历任的行长接见过，这是一段很有趣的经历。

在这样沿海的小城市，这家银行归总行直管，总行领导经常来出差，于是总要开一线员工的座谈会，20年前，她就被推荐为个金条线的优秀员工，并向总行领导汇报工作。在汇报工作前，每天下班之后她都要到分行练习，背稿，进行反复演练……这样反复练习后，终于等到了总行领导的座谈会，她作为个金条线的发言人和总行领导沟通交流，效果还是不错的。于是，以后只要有总行领导下来开座谈会，分行领导就想，小芳以前都训练过，而且前几次表现都不错，见过大场面，不用再推荐其他人了，就小芳再去就好了，于是小芳几乎就变成了给总行领导汇报工作的专业户！

听她聊这段经历感觉很有趣，她很善于总结并能及时建议客户止盈，这是其他很多理财经理都无法做到的，她对市场的敏感度和把握度甚至超过很多基金经理，这来源于她多年在资本市场上的摸爬滚打。

她的很多客户都是和她一起买基金赚钱的，于是多年来一直有很多理财客户听她的建议投资基金并长期持有赚了很多钱，她在2015年在4000～5000点的时候成功逃顶，又在3000点以下的时候大卖基金。她更像我的老师一样，我常问她，为什么她能够几乎准确判断出市场行情。她回答很简单："其实和你们所经历的一样，"她说，"当基金很好卖，客户一下子要买上千万的时候，我就很害怕，因为2007年也是这样，所以2016年那种行情再次出现的时候，我就开始卖了，而当基金很难卖的时候，我就开始大买基金，因为这个时候的基金都是赚钱的！"

理财经理每天都很忙，她没有时间去阅读那么多的资料和分析，但从她历经几十年资本市场的熊市洗礼之后，她现在变得淡定多了，几乎能做到逆人性的投资，而她总结出来的投资经验，其实就来源于理财经理平时的工作而已，基金疯抢的时候该卖了，基金难卖的时候该买的，这正是巴菲特那句经典的名言："在别人贪婪的时候恐惧，在别人恐惧的时候贪婪！"

而且，更为重要的是，她不仅能帮客户理财，还能帮自己打理资产呢！这也是她真正有别于其他理财经理的关键所在。我见过很多理财经理也很能卖基金，牛市自然不必说了，在熊市中也一样很能卖，但是这些能卖基金的理财经理和小芳最大的差距就在于是否把自己也当成是自己的客户！

如果你把自己也当成是自己的客户，你一样可以买基金，一样可以配置资产，一样可以分享投资收益！

可是，很多理财经理仅仅把卖基金当成了工作而已，为客户配置基金那是工作，而自己的钱呢？却躺在银行里面！

理财经理在银行工作是一个很好的平台，你可以接触到各种各样的金融产品：基金、保险、黄金、期货、证券等。优秀理财经理会懂得利用银行这个平台所接触到的各种资讯进行不断学习，把自己当成客户进行资产配置，投资理财，从而也分享了中国经济成长所带来的收益！

在过去的几年中，公条线上也有一些优秀的客户经理，其一直和房地产商接触，敏锐的把握住了房地产的行情，自己再做好本职工作房贷的同时，也开始投资房地产，赚得盆满钵满，反而有一些个贷部门的领导就只是把工作当成工作而已，自己都没有投资房地产，反而他的部下赚得比他还多。

其实，这也是一个很好的案例，在银行这个平台上，尤其在中国，整个金融体系都是以银行为中心的，而且客户只信任银行，因为银行的背后几乎是国家信用背书。任何行业的发展都离不开银行的支持，而理财经理或客户经理是银行和客户之间的桥梁，优秀的理财经理能从其工作中把握住市场信息，把自己当成客户，在为客户投资理财的同时，也把自己的资产打理好，我想，这才是理财经理真正的价值所在！

优秀的理财经理其最大的特点，就在于，你是否也把你自己当成是自己的客户，帮助客户理好财的同时，也把自己的投资做好！

场景二：

“你自己做投资吗？”

“公司规定不让做！”

“买基金总可以吧？”

“没有钱投资！”

“1万元就可以做个投资组合，还没有钱投资！”

马总是这家银行的基金主管，她的工作主要是上传下达总行的任务，并且做好基金分配及销售督导工作。每一天都有基金公司的渠道经理或者基金经理来和她沟通交流，她每一次除了非常仔细的了解基金产品和投资观点以外，都会顺带问问他们是否投资，尤其是很多新的渠道经理。

可是，很多新的渠道经理的答复却非常勉强，甚至是很官方：“公司规定不让做！”

“胡扯！基金经理都可以买自己的基金，你看看，那么多的发起式基金有很多都是基金经理跟投的，谁说你们公司规定不能买基金的！”

“没有钱投资！”

“1万元总有吧！1万元就可以建立个资产组合，为什么不能做投资！你如果连基金都不投，那你还来向我推荐什么基金呢！”

在这样的沟通交流后，马总以后就基本不见这些新的渠道经理了，因为连基金都不投资的渠道经理，怎么能够为他们提供更专业的服务呢？

很多朋友总觉得，一定要等有钱之后再投资，或者等还完房贷、车贷后有余钱了再投资，这就更遥遥无期了！

投资和“等有钱”完全就是两码事情，不仅仅是基金，即使是A股，只要你不买茅台股份等，即使你只有1万元，也可以建立一个投资组合。你只有自己投资了，才会去跟踪市场，才会去了解市场信息，同时，你才能够建立自己的投资方法。

未必一定要是基金经理才可以投资，无论你是渠道经理还是理财经理，我们都需要为自己理好财，那么为自己建立一个投资组合就显得非常重要了。

我见过有很多优秀的理财经理，比如小芳，在营销基金的时候，建议客户投资的同时，她会自己跟投，哪怕只有1000元，也会去投资。她告诉我说：“我只要投资了，就会更加关注这只基金，只要打开网银，就能立刻关注到我投资的基金了，如果有什么情况，就可以及时通知客户了，以前一个朋友告诉我，你的钱投在哪里，你的心就在哪里，的确如此，所以，我一般建议客户购买之后，我都会跟投一些。”

我们一直在跟银行接触，我记得前几年的时候，银行刚刚推出纸白银、纸黄金的业务，那个时候，2008年的市场跌得很惨，但是黄金等大宗商品很火，在和客户沟通交流的时候，我们就会建议客户配置黄金白银等大宗商品，当时市场上还没有黄金基金呢（第一只公募的黄金基金是诺安全球黄金基金320013，在2010年才发行的），但银行当时已经推出了纸白银、纸黄金的业务，于是建议客户配置大宗商品后，我自己就买了一些纸白银，我记得当时买的时候白银价格还挺贵的，每克在6～7元，比2016年的价格整整贵了一倍，当时也买得不多，大概买了1000克，不到1万元，后来大宗商品继续上涨，自己还小赚了一些，虽然买得不多，但是我就会持续关注白银黄金等市场，这样就能及时给客户建议。

如果当时我没有自己投资白银，那么，我们平时基本不会特别去关注这个市场的，除非发生了很大事件才会去看看，但是因为自己投资了，只要打开手机银行就会下意识去看看，同时和银行的朋友沟通交流的时候，也会相互看看自己投资的白银等收益情况如何，这个时候，我就更会去了解和关注这个市场，才能给客户提供更好的服务。

正因为从买纸白银开始关注大宗商品市场，于是当我们公募基金行业也开始推出黄金基金、石油基金等产品的时候，我也就开始去投资这类产品，同时也更了解这类大宗商品基金的特点和优势，这样就能为客户和自己做好资产配置。

所以，作为理财经理，第一件需要做的事情不是去给客户推荐产品，而是自己要先去投资，哪怕你只有1万元，你也可以为自己建立一个投资组合。后来，我招实习生的时候，我都建议这些实习生拿出一点钱，对学生而言，1万元有点多了，但1000元总是有的，建议他们先去投资，买基金、买股票皆可，但一定要去试试，如果想进入金融行业，自己有投资经验是非常重要的！

我依然记得我们当初上第一堂投资课的时候，我们的老师中央财经大学金融学院的何晓宇教授就拉我们全班的学生走路到离学校最近的一家券商（我记得好像是南方证券），每个学生都要开户，那是我人生中开立的第一个证券户，当时作为学生，就觉得挺好玩而已，也没有太多去关注，直至我自己在这个行业摸爬滚打十几年后，才明白何老师当年的良苦用心，在此，也向中央财经大学的何晓宇教授致敬！

场景三：

“你见过的最优秀的理财经理是谁呀？”

“潘总，是我见过最优秀的理财师，简直是我的人生偶像！”

“潘总？好像一般吧，给我们培训的时候似乎讲得不是太清楚！”

“你错了！一流的理财经理是优秀的基金经理；二流理财经理是好的培训老师；三流理财经理勉勉强强算一个合格的客服人员而已！潘总绝对是一流的理财经理！我，最多就是个二流子，比三流好一些而已！”

潘总几乎就是个传奇人物，不是书上写的或道听途说的，而是实实在在的民间投资高手，他不逊于公募中任何一位优秀的基金经理。

我和潘总认识多年了，从潘总那里我才慢慢学习到了投资的真谛！

潘总工作最大的乐趣就是在中午别人都休息的时候，他买瓶红牛然后开始研究他感兴趣的股票，他最经典的案例据说是2006年50万元重仓三一重工，而后涨了20倍，至千万元，在2007年成功逃顶，而后2008年开始投资房地产，2013—2014年再重仓回归A股，5000点又逃顶，虽然没有逃过2016年初的熔断，但是这样一份投资业绩几乎已经是完美了，在公募基金中，能连续在2007年和2015年逃顶的基金经理几乎没有！

在投资方面，潘总绝对是大师级的人物，我向潘总请教过，问他的投资秘籍是什么？其实他并不善于言辞，也没有什么很多高大上的理论，但他的投资方法却很实用。

他告诉我说："我喜欢一下子都搞进去，然后等到别人都说好了，我就准备开始卖了！"

"什么叫作一下子都搞进去？"

"就是重仓呀！只搞1～2只票！"

"这和教科书说的不一样呀，我们不都提倡要分散配置，把鸡蛋放在不同的篮子中吗？"

"那我不知道了！反正我就做1～2只票，重仓持有！"

"重仓持有？"

"是的！我都是这么赚钱的！"

……

和潘总的谈话，让我陷入深深地思考，我们属于投资科班出身，所接触到的投资理论其实最大的一个前提就是：寻找负相关的大类资产，进行投资组合，降低系统性风险，以追求稳健的收益！

用一句言简意赅的话来总结就是：不要把鸡蛋放在同一个篮子中，而要分散配置！

可是，潘总的投资方法却完全逆其道而行之，这不由让我想起了巴菲特一直抨击商学院的课程。巴菲特投资方法中另外一句非常经典的名言就是："要把你所有的鸡蛋放在同一个篮子里，然后小心地看好它！"

可是，我们再传颂巴菲特名言的时候，往往忽略了这句话！

我以前是无法理解巴菲特这句话的，觉得似乎老巴错了，因为教科书上都写"要把鸡蛋放在不同的篮子中"。而在和潘总沟通交流后，我不得不反思，我在以前教科书上学习到的投资方法是不是错了。还有另外一个近10年来一直困扰我的问题，为什么我们公募基金行业的明星基金经理转投私募之后，业绩都很一般呢？比如，当年B基金公司的明星基金经理肖华，现在可能大家都不知道肖华是谁，可是当年他的知名度远高于王亚伟，在转投私募之后却没有任何声音了！

这究竟是为什么？

如前文分析，因为"双十"的规定，基金经理靠个股来带动业绩的大幅提升是存在很大操作难度的而且是不可持续的，更多是靠行业配置，靠选对行业来超越市场的。其实公募的基金经理是很少重仓单只股票的，而私募则不同，私募产品没有类似"双十"的限定，而且，没有公募基金那样严格的信息披露制度，所以私募产品通过重仓某只股票来获取超额收益是一种比较常见的投资方法，当然，这种投资有利有弊，用巴菲特的话说，就是要看好你的篮子，而不能让篮子出问题，因为如果篮子出问题，那么，你所有的鸡蛋都会摔碎掉！

最近一个案例是2014年私募冠军广州创世祥重仓投资“欣泰电器”，这家私募在2015—2016年曾屡次举牌重仓“欣泰电器”，还谓之为“价值投资”（当然，在中国，所有基金经理的投资都标榜自己为“价值投资”，他们所投资的股票都是被低估的，投大盘蓝筹是价值投资，投中小创是价值投资，投ST的股票也是价值投资……价值投资，放之四海而皆准！），后来的故事，就是“欣泰电器”被强制退市，这家私募损失惨重。再过几个月，这家私募又被查出坐庄操作市场，被重罚……

潘总的投资其实类似于私募投资的方法，不管用什么方法，只要能在市场赚到钱就是好方法，套用邓公的话而言，就是“不管是黑猫白猫，只要能抓到耗子的就是好猫”。

作为一线的理财经理，其实我们身处资本管理行业中，没有理由不把我们自己的钱管理好，而要把我们自己的钱也管理好，那就需要找到自己的投资方法，而不能人云亦云。我们见到很多客户经理或者朋友也都会问：能否推荐一只好的股票？

其实，这种问题是很不专业的，就算我们推荐了未来能涨10倍的股票，投资者肯买吗？敢重仓吗？

肯定不敢，所以，会问这种问题的人，一般都是不专业或能力平平的客户经理！

你有自己的投资方法之后，会成为这种投资方法的信徒，你未来需要做的事情，就是对这种投资方法不断进行检验和修正，而不是到处去打探所谓的内幕消息。

资本市场就像一个武林江湖一样，少林有少林的功夫，峨眉有峨眉的门道，武当有武当的剑法，丐帮还有自己的打狗棒……没有哪种功夫就是最好的，也没有哪种功夫是适合所有人的，但是你一定要找到属于自己的功夫，并且能从这个市场赚到钱，这才是最重要的。

有一些朋友有比较强的投资能力，像潘总，可以直接投资股票赚钱；有一些朋友时间比较多而且有严格的纪律，做短线交易也可以赚很多钱，我也曾经碰到过这样的投资者，从来不做任何基本面分析，就是追涨杀跌，一个理发师从10万元炒到了上亿元，资金量大了之后发现原来的方法不好做，就想转型做价值投资，去买蓝筹股，结果反而亏钱了，又转回他擅长的投资方法了；还有朋友没有能力买股票，买基金长期持有，其实也很赚钱……

不管选择哪种投资方法，一定要找到适合自己的投资方法，这才是最重要的！

所以，一流的理财经理就是基金经理，像潘总；二流的理财经理，最多就是一个好的培训老师，能把公司的观点和信息通过言简意赅的方式传递给投资者，我最多能稍微朝二流靠靠边；三流的理财经理是客服人员，其实很多新人刚入行的时候，大部分的工作是在做客服的工作，比如，最近这只产品怎么啦，了解一下，或者申购赎回碰到什么问题了，咨询一下，等等。

如果想成为最优秀的理财经理，一定要有自己的投资方法，而这套方法是适合你自己的，不管在什么行情中，你的投资方法都应该能从市场中赚到钱，这才是最为重要的！

正如，基金定投，也是一种经过时间检验的投资方法，不管是牛市、熊市还是震荡市，通过基金定投这种投资方法进行投资，

“以不变应万变”，皆能从市场中赚到钱，这就是一个非常厉害的投资方法了！

所以，最优秀的理财经理需要有一套自己的方法，也许你没有很强的选股能力和挑选基金的能力，但是你只要掌握了基金定投的投资方法，坚持投资，适时止盈收割，你不仅能实现自己管理财富的小目标，而且你还会变成非常优秀的理财师！